Para além da aprendizagem
Educação democrática para um futuro humano

Coleção
Educação: Experiência e Sentido

Gert Biesta

Para além da aprendizagem
Educação democrática para um futuro humano

Tradução
Rosaura Eichenberg

3ª reimpressão

   autêntica

Copyright © 2013 Gert Biesta

TÍTULO ORIGINAL: *Beyond Learning. Democratic Education for a Human Future*

Todos os direitos reservados pela Autêntica Editora Ltda. Nenhuma parte desta publicação poderá ser reproduzida, seja por meios mecânicos, eletrônicos, seja via cópia xerográfica, sem a autorização prévia da Editora.

COORDENADORES DA COLEÇÃO
EDUCAÇÃO: EXPERIÊNCIA E SENTIDO
Jorge Larrosa
Walter Kohan

EDITORA RESPONSÁVEL
Rejane Dias

REVISÃO
Lílian de Oliveira

PROJETO GRÁFICO DA CAPA
Jairo Alvarenga Fonseca
(Sobre imagem de John Frankenstein, Retrato de Godfrey Frankenstein)

DIAGRAMAÇÃO
Conrado Esteves

Dados Internacionais de Catalogação na Publicação (CIP)
(Câmara Brasileira do Livro, SP, Brasil)

Biesta, Gert
  Para além da aprendizagem : educação democrática para um futuro humano / Gert Biesta ; tradução Rosaura Eichenberg. -- 1. ed. ; 3. reimp. -- Belo Horizonte : Autêntica, 2021. -- (Coleção Educação : Experiência e Sentido)

  Título original: Beyond Learning : Democratic Education for a Human Future

  ISBN 978-85-8217-225-4

  1. Educação - Filosofia 2. Educação - Finalidades e objetivos 3. Educação humanística I. Título. II. Série.

13-05414   CDD-370.115

Índices para catálogo sistemático:
1. Educação democrática para um futuro humano   370.115

Belo Horizonte
Rua Carlos Turner, 420
Silveira . 31140-520
Belo Horizonte . MG
Tel.: (55 31) 3465 4500

São Paulo
Av. Paulista, 2.073 . Conjunto Nacional
Horsa I . Sala 309 . Cerqueira César
01311-940 . São Paulo . SP
Tel.: (55 11) 3034 4468

www.grupoautentica.com.br
SAC: atendimentoleitor@grupoautentica.com.br

APRESENTAÇÃO DA COLEÇÃO

A experiência, e não a verdade, é o que dá sentido à escritura. Digamos, com Foucault, que escrevemos para transformar o que sabemos e não para transmitir o já sabido. Se alguma coisa nos anima a escrever é a possibilidade de que esse ato de escritura, essa experiência em palavras, nos permita liberar-nos de certas verdades, de modo a deixarmos de ser o que somos para ser outra coisa, diferentes do que vimos sendo.

Também a experiência, e não a verdade, é o que dá sentido à educação. Educamos para transformar o que sabemos, não para transmitir o já sabido. Se alguma coisa nos anima a educar é a possibilidade de que esse ato de educação, essa experiência em gestos, nos permita liberar-nos de certas verdades, de modo a deixarmos de ser o que somos, para ser outra coisa para além do que vimos sendo.

A coleção *Educação: Experiência e Sentido* propõe-se a testemunhar experiências de escrever na educação, de educar na escritura. Essa coleção não é animada por nenhum propósito revelador, convertedor ou doutrinário: definitivamente, nada a revelar, ninguém a converter, nenhuma doutrina a transmitir. Trata-se de apresentar uma escritura que permita que enfim nos livremos das verdades pelas quais educamos, nas quais nos educamos. Quem sabe assim possamos ampliar nossa liberdade de pensar a educação e de nos pensarmos a nós próprios, como educadores. O leitor poderá concluir que, se a filosofia é um gesto que afirma sem concessões a liberdade do pensar, então esta é uma coleção de filosofia da educação. Quiçá os sentidos que povoam os textos de *Educação: Experiência e Sentido* possam testemunhá-lo.

*Jorge Larrosa e Walter Kohan**
Coordenadores da Coleção

---

* Jorge Larrosa é Professor de Teoria e História da Educação da Universidade de Barcelona e Walter Kohan é Professor Titular de Filosofia da Educação da UERJ.

AGRADECIMENTOS

Este livro se baseia em ideias que foram desenvolvidas ao longo da última década numa série de artigos, capítulos e apresentações. Acredito que, consideradas em conjunto, essas ideias equivalem a uma teoria da educação ou, como digo no livro, a um modo de compreender e abordar a educação. Não afirmo, nem espero que a teoria da educação proposta neste livro seja capaz de considerar todas as questões que os educadores enfrentam. Mas acredito que minhas reflexões respondem a uma das questões mais urgentes no mundo de hoje: a questão sobre o modo de viver com os outros num mundo de pluralidade e diferença. Neste livro, questiono a ideia de que só podemos viver juntos neste mundo se conseguirmos providenciar uma definição comum de nossa humanidade. Em lugar disso, exploro as implicações para os nossos modos de educar se tratamos a questão sobre o que significa ser humano como uma questão radicalmente aberta: uma questão que só pode ser respondida engajando-nos na educação, em vez de uma questão que precisa ser respondida antes de podermos educar.

Uma das ideias centrais do livro é que vimos ao mundo como indivíduos únicos pelas maneiras como reagimos responsavelmente ao que e a quem é o outro. Argumento que a responsabilidade do educador não reside apenas no cultivo dos "espaços mundanos" em que o encontro com a outridade e a diferença é uma real possibilidade, mas que ela se estende a propor "questões difíceis": questões que nos intimam a reagir de modo responsivo e responsável à outridade e à diferença de acordo com nossa própria maneira singular.

Embora este livro trate de teorias e filosofias educacionais, o meu objetivo não foi escrever um livro para teóricos. Minha esperança é de que os educadores, numa ampla gama de cenários diferentes, reconhecerão as questões discutidas neste livro e, o que é mais importante, serão capazes de formular suas próprias respostas às ideias apresentadas nos capítulos que se seguem.

Tenho desenvolvido minhas ideias em resposta à obra de vários filósofos e teóricos, muito especialmente Hannah Arendt, Emmanuel Levinas, Michel Foucault e Zygmunt Bauman. Fui também inspirado pelos escritos de Jacques Derrida, Jacques Rancière, Jan Masschelein e Bernhard Tschumi. Sou grato a todos pelas suas inspirações e provocações. Os capítulos deste livro são também respostas num sentido mais direto, porque versões anteriores da maioria dos capítulos foram escritas em resposta a convites para conferências, apresentações em seminários e contribuições para revistas e livros. Sou particularmente grato a Barbara Stengel, que deu partida a meu raciocínio sobre a aprendizagem, a Carl-Anders Säfström, que estimulou minhas reflexões sobre a identidade e a diferença, a Alison Jones e Nick Burbules pelo seu convite para explorar a natureza difícil da educação, a Jan Masschelein e Maarten Simons pela oportunidade de investigar a arquitetura da educação, e a Thomas Englund e Carsten Ljunggren por me propiciarem o espaço para desenvolver minhas ideias sobre educação e democracia. Lars Løvlie sugeriu, há muito tempo, que eu tinha "algo para dizer". Ele me deu a confiança para começar a trabalhar neste livro, enquanto Deborah Osberg e Rob Lawy me deram a confiança para terminá-lo. Colegas e estudantes na Suécia, Dinamarca, Noruega, Suíça, África do Sul, Estados Unidos, Canadá e Reino Unido não só me proporcionaram um *feedback* proveitoso para minhas ideias. Suas respostas também indicaram que as questões sobre o papel da educação numa sociedade democrática, uma sociedade comprometida com a pluralidade e a diferença, são centrais para o trabalho de educadores em muitos países ao redor do mundo. Quero agradecer à tradutora, Rosaura Eichenberg, por dar-me voz em português e a Walter Kohan e Jorge Larrosa por incluir meu livro na sua coleção. Quero também agradecer Dean Birkenkamp por sua confiança no projeto e por seu contínuo apoio.

> *Há momentos na vida em que a questão de saber se podemos pensar diferentemente do que pensamos, e perceber diferentemente do que vemos, é absolutamente necessária se quisermos continuar de algum modo a olhar e refletir.*
> MICHEL FOUCAULT (1985, p. 8)

> *Ser humano significa viver como se não fôssemos um ser entre seres.*
> EMMANUEL LEVINAS (1985, p. 100)

> *A educação é a posição em que decidimos se amamos o mundo o bastante para assumir a responsabilidade por ele e, pela mesma razão, salvá-lo da ruína que, a não ser pela renovação, a não ser pela vinda do novo e dos jovens, seria inevitável. E a educação é também quando decidimos se amamos nossos filhos o bastante para não expulsá-los de nosso mundo e deixar que façam o que quiserem e que se virem sozinhos, nem para arrancar de suas mãos as mudanças de empreender algo novo, algo imprevisto por nós...*
> HANNAH ARENDT (1977a, p. 196)

SUMÁRIO

Prólogo
15 A educação e a questão de ser humano

Capítulo 1
29 Contra a aprendizagem: recuperando uma linguagem para a educação numa era da aprendizagem

Capítulo 2
55 Tornar-se presença: a educação depois da morte do sujeito

Capítulo 3
81 A comunidade daqueles que não têm nada em comum: educação e a linguagem da responsabilidade

Capítulo 4
101 Quão difícil deve ser a educação?

Capítulo 5
129 A arquitetura da educação: criando um espaço mundano

Capítulo 6
155 A educação e a pessoa democrática

Epílogo
191 Uma pedagogia da interrupção

197 Referências

PRÓLOGO

A educação e a questão de ser humano

> Ser humano significa viver como se não fôssemos um ser entre seres.
> EMMANUEL LEVINAS

O que significa ser humano? Qual é a definição de humanidade? Qual é a medida da humanidade? O que significa levar uma vida humana? Essas são perguntas antigas de que os filósofos têm se ocupado desde que afastaram seu olhar do mundo natural em direção ao mundo dos seres humanos. Dizer que essas são questões filosóficas não é dizer que são meramente teóricas. Uma resposta à pergunta sobre o que significa ser humano pode ter igualmente consequências práticas de longo alcance, tanto naqueles casos em que há uma resposta positiva a essa pergunta (como na Declaração Universal dos Direitos Humanos) como naqueles casos em que certa definição do que significa ser humano é usada para excluir alguns seres do âmbito da interação humana.

A questão sobre o que significa ser humano é também, e talvez até acima de tudo, uma questão *educacional*.

A educação, seja a educação de crianças, a educação de adultos, seja a educação de outros "recém-chegados", é afinal sempre uma intervenção na vida de alguém; uma intervenção motivada pela ideia de que tornará essa vida, de certo modo, melhor: mais completa, mais harmoniosa, mais perfeita – e talvez até mais humana. Muitas práticas educacionais são configuradas como práticas de socialização. Preocupam-se com a inserção de recém-chegados numa ordem sociopolítica e cultural existente. Isso tem sua importância, porque equipa os recém-chegados com as ferramentas culturais necessárias para a participação numa forma particular de vida e, ao mesmo tempo, assegura a continuidade cultural e social. Mas não podemos ser demasiado ingênuos a esse respeito, porque esses processos também contribuem para a reprodução de desigualdades existentes – involuntariamente ou, naqueles casos em que a educação é utilizada para conservar determinadas práticas e tradições, também voluntariamente. (Isso não quer dizer que essas estratégias são necessariamente não progressistas. O especialista americano em teoria da educação George Counts também se considerava um conservador: "Acredito na conservação de ideias radicais".) Entretanto, a educação não é exclusivamente a serva da ordem existente. Há uma contracorrente importante no pensamento e prática educacionais, em que a educação é vista como serva do indivíduo. Aqui a tarefa e a finalidade da educação não são compreendidas em termos de disciplina, socialização ou treinamento moral, isto é, em termos de inserção e adaptação, mas é focada no cultivo da pessoa humana ou, em outras palavras, no cultivo da *humanidade* do indivíduo (LØVLIE *et al.*, 2003).

O modo certamente mais antigo de pensar segundo essas linhas pode ser encontrado na tradição de *Bildung*.[1] *Bildung* representa um ideal educacional que surgiu na sociedade grega e que, por meio de sua adoção na cultura romana, no humanismo, no neo-humanismo e no Iluminismo, tornou-se uma das noções centrais da tradição educacional ocidental moderna (KLAFKI, 1986). Central para essa tradição é a questão sobre o que constitui um ser humano educado ou culto. Inicialmente, a resposta a essa questão era dada em termos dos *conteúdos* de *Bildung*. Uma pessoa educada era aquela que tinha adquirido um conjunto claramente definido de conhecimento e valores; era aquela que se mostrava apropriadamente socializada numa determinada tradição. Um passo importante foi tomado quando a atividade da aquisição dos conteúdos de *Bildung* se tornou reconhecida como um aspecto constitutivo do processo de *Bildung* (por exemplo, por Herder, Pestalozzi e Von Humboldt). Desde então *Bildung* tem sido sempre compreendido como auto-*Bildung* (GADAMER, 2001).

Os fundamentos da teoria e prática educacionais *modernas* foram estabelecidos quando a tradição de *Bildung* tornou-se entrelaçada com o Iluminismo. Emmanuel Kant forneceu a definição clássica do esclarecimento como "a liberação do homem [*sic*] da tutela autoinfligida" e definiu tutela (ou, em outras traduções, imaturidade) como "a incapacidade do homem [*sic*] de usar sua compreensão

---

[1] A tradição de *Bildung* está fortemente enraizada na teoria e prática educacionais continentais, o que torna difícil fornecer uma tradução adequada do conceito de *Bildung* para o inglês. Embora *Bildung* seja às vezes traduzido como "edificação" e até como "educação liberal", decidi usar a palavra alemã original. Uma discussão sobre como a palavra *Bildung* pode ser compreendida em relação às tradições educacionais no mundo anglófono pode ser encontrada em Cleary e Hogan, 2001; Biesta, 2002a e 2002b; Løvlie *et al.*, 2003.

sem a orientação de outro" (KANT, 1992, p. 90). Essa imaturidade é infligida por ele próprio, escreveu Kant, "quando sua causa não reside na falta de razão, mas na falta de resolução e coragem para usá-la sem a orientação de outro. *Sapere aude!* 'Tenha a coragem de usar sua própria compreensão!' – esse é o lema do Iluminismo".

O aspecto mais importante do requisito kantiano de autonomia racional – uma autonomia baseada na razão – era que Kant não concebia essa capacidade como uma possibilidade histórica contingente, mas a via antes como uma parte inerente da natureza humana. Kant descrevia a "propensão e vocação para o livre pensar" como o "destino último" do homem e o "objetivo de sua existência" (p. 701). Bloquear o progresso do esclarecimento seria, portanto, "um crime contra a natureza humana" (p. 93). De forma bastante interessante – e isso é particularmente significativo para o destino da educação moderna desde o Iluminismo –, Kant também argumentava que a propensão para o livre pensar *só* poderia ser suscitada por meio da educação. Ele não só escreveu que o homem "é a única criatura que tem de ser educada" (p. 697), mas também afirmou que "o homem só pode tornar-se homem" – isto é, um ser autônomo racional – "por meio da educação" (p. 699).

Com Kant, a lógica do processo educacional tornou-se fundamentada "sobre a ideia humanista de certo tipo de sujeito que tem o potencial inerente de tornar-se automotivado e autodirigido", enquanto a tarefa da educação tornou-se a de revelar ou liberar esse potencial "para que os sujeitos se tornem plenamente autônomos e capazes de exercer sua ação individual e intencional" (USHER; EDWARDS, 1994, p. 24-25). A educação moderna tornou-se assim baseada numa *verdade* particular sobre a natureza e o destino do ser humano, enquanto a conexão entre a racionalidade, a autonomia e a educação se tornou a "Santíssima Trindade" do projeto do Iluminismo. Isso não se verificou apenas em abordagens que seguiram de forma mais ou menos direta a estrutura kantiana, como as teorias educacionais de Piaget e Kohlberg. A ideia (o ideal) da autonomia racional também se tornou a pedra angular de abordagens críticas da educação que se inspiraram em Hegel, Marx e no neomarxismo – como a obra de Paulo Freire e as versões norte-americana e continental da pedagogia crítica (BIESTA, 1998a). Segundo ambas as linhas, a educação tornou-se compreendida como o processo que ajuda as pessoas a desenvolver seu potencial racional para que possam se tornar autônomas, individualistas e autodirigidas, enquanto a racionalidade se tornou o marco moderno do que significa ser humano (o que deixava todos aqueles que eram considerados não racionais ou ainda não racionais, inclusive as crianças, numa posição difícil).

Neste livro, exploro o que poderia ocorrer se tentássemos superar os fundamentos humanistas da educação moderna. Exploro, em outras palavras, como poderíamos compreender e "fazer" a educação se já não admitíssemos poder conhecer a essência e a natureza do ser humano – ou, expressando-me de outra forma, se tratássemos a questão do que significa ser humano como uma questão radicalmente *aberta,* uma questão que só podemos responder participando na educação, em vez de uma questão que precisamos responder *antes* de poder participar na educação. Para o propósito deste livro, compreendo "humanismo" no sentido filosófico. Representa a pressuposição de que é possível conhecer e articular a essência ou natureza do ser humano e usar esse conhecimento como um fundamento para nossos esforços políticos e educacionais. O humanismo, como disse Emmanuel Levinas, acarreta "o reconhecimento de uma essência invariável chamada "Homem", a afirmação de seu lugar central na economia do Real e a afirmação de seu valor que [engendra] todos os valores" (LEVINAS, 1990, p. 277).

Mas por que deveríamos tentar superar o humanismo? Por que deveríamos tentar deixá-lo para trás? Não há dúvida de que o humanismo tem sido uma estratégia importante e em alguns casos bem-sucedida de salvaguardar a humanidade do ser humano. Mas a questão é se ainda pode ser uma estratégia eficaz nos dias atuais. Neste livro, sigo a orientação de filósofos que propuseram questões fundamentais tanto sobre a *possibilidade* como sobre a *desejabilidade* da "estratégia" do humanismo. Um desses filósofos é Emmanuel Levinas, para quem a "crise do humanismo em nossa sociedade" começou com os "acontecimentos inumanos da história recente" (LEVINAS, 1990, p. 279). Para ele, esses não incluem apenas as desumanidades da "Guerra de 1914, a Revolução Russa refutando-se no stalinismo, o fascismo, o hitlerismo, a Guerra de 1939-1945, os bombardeios atômicos, o genocídio e a guerra ininterrupta", mas estão também vinculados a uma "ciência que calcula o real sem pensá-lo continuamente", a uma "política e administração liberal que não suprime nem a exploração nem a guerra", e a "um socialismo que acaba enredado na burocracia". Para Levinas, entretanto, a crise do humanismo não está localizada nessas desumanidades como tais, mas, em primeiro lugar, na incapacidade humanista de se opor efetivamente a essas desumanidades e, em segundo lugar, e com maior peso, no fato de que muitas dessas desumanidades foram realmente baseadas e motivadas por uma definição particular do que significa ser humano. Ele conclui, portanto, que "o humanismo tem de ser denunciado... porque não é *suficientemente* humano" (LEVINAS, 1981, p. 128, grifo meu).

Essa maneira de considerar o problema do humanismo lembra Martin Heidegger, que, na sua obra, também desmascarou as deficiências do humanismo na cultura ocidental. Em sua *Carta sobre o Humanismo*, publicada originalmente em 1947, Heidegger escreveu que o humanismo tinha de ser combatido "porque não coloca a *humanitas* do homem [*sic*] num patamar suficientemente alto" (HEIDEGGER, 1993, p. 233-234). Para Heidegger, um dos problemas-chave do humanismo é o fato de ele ser *metafísico* (p. 226). Com isso ele quer dizer que a resposta do humanismo à questão do que significa ser humano põe o foco na essência ou natureza do ser humano, no ser humano como uma coisa, e não, como Heidegger pensa que deveríamos fazer, no *Ser* desse ser, isto é, na *existência* do ser humano, nos modos como o ser humano existe no mundo (p. 228). Segundo Heidegger, não se trata apenas de que o humanismo não formula a questão do *Ser* do ser humano – e assim só pode apreender o ser humano como uma coisa entre outras coisas. Devido à sua abordagem metafísica, "o humanismo até dificulta a questão por não reconhecê-la nem compreendê-la" (p. 228).[2]

---

[2] Levinas considera a "descoberta" heideggeriana da diferença entre a essência ou natureza do homem (o homem como um ser) e o ser ou o existir do homem (o Ser do homem) um avanço capital na filosofia ocidental (LEVINAS, 1985, p. 40). É por essa razão que ele julga *Sein und Zeit* (*Ser e Tempo*) de Heidegger "um dos melhores livros da história da filosofia"

O problema com o humanismo é, portanto, que ele propõe uma *norma de humanidade*, uma norma do que significa ser humano, e, ao fazê-lo, exclui aqueles que não vivem ou são incapazes de viver de acordo com essa norma (HONIG, 1993). Na aurora do século XXI, sabemos todos muito bem que essa não é apenas uma possibilidade teórica. Muitas das atrocidades que se tornaram marcos do século XX – como o holocausto e os genocídios em Camboja, Ruanda e Bósnia – estavam realmente baseadas numa definição do que conta como humano e, ainda mais importante, de *quem* conta como humano. De um ponto de vista educacional, o problema com o humanismo é que ele especifica uma norma do que significa ser humano *antes* da real manifestação de "exemplos" de humanidade. O humanismo especifica o que a criança, o estudante ou o "recém-chegado" deve se tornar antes de lhes dar a oportunidade de mostrar quem eles são e quem eles desejam ser. O humanismo parece assim incapaz de estar aberto para a possibilidade de que os recém-chegados possam alterar radicalmente nossa compreensão do que significa ser humano. O humanismo parece excluir a possibilidade de que a

---

(p. 37), bem como julga "extremamente brilhante" (p. 39) sua análise do Ser do ser humano nesse livro. (Entretanto, não deixa de perceber que, para expressar sua admiração por *Sein und Zeit*, ele sempre tenta "reviver a atmosfera daquelas leituras quando 1933 ainda era impensável" [p. 38]). Mas, embora concorde com o "diagnóstico" de Heidegger, Levinas discorda fundamentalmente de sua "solução", isto é, de sua designação do homem como "o pastor do Ser" (HEIDEGGER, 1993, p. 234). De fato, Levinas registra o "empreendimento filosófico ambicioso em prol do pensamento e contra o puro cálculo, mas subordinando o humano aos ganhos anônimos do Ser e, apesar de suas *Cartas sobre o Humanismo*, trazendo compreensão ao próprio hitlerismo" (LEVINAS, 1990, p. 281) como uma das outras desumanidades do século XX.

criança recém-nascida possa ser um novo Gandhi, de que a estudante em nossa sala de aula possa ser uma nova Madre Teresa, ou de que o recém-chegado possa ser um novo Nelson Mandela. Isso indica que, num nível fundamental, o humanismo só pode pensar na educação como socialização, como um processo de inserção dos recém-chegados na "ordem" preexistente da razão moderna (SÄFSTRÖM, 2003). Como resultado, o humanismo é incapaz de captar a unicidade de cada ser humano individual. Só consegue pensar em cada recém-chegado como exemplo de uma essência humana que já foi especificada e já é conhecida de antemão.

Enquanto as considerações precedentes equivalem a um argumento contra a *desejabilidade* do humanismo, há também questões sobre a *possibilidade* do humanismo, a possibilidade de conhecer e articular a essência do ser humano. Aqui não se discute apenas se é possível alcançar o conhecimento *completo* do ser humano ou se sempre permanece um aspecto que não pode ser conhecido – um ponto levantado, por exemplo, por Sigmund Freud. Há também uma questão filosófica mais profunda sobre o *status* do conhecimento a respeito do ser humano, mais especificamente, se é possível que o ser humano seja ao mesmo tempo a fonte de todo o conhecimento e o objeto de seu próprio conhecimento. Michel Foucault não só contribuiu significativamente para nosso entendimento das contradições inerentes à moderna compreensão do sujeito humano, em que o ser humano aparece como um fato entre outros fatos e como a condição transcendental da possibilidade de todo o conhecimento factual. Foi também Foucault quem anunciou a morte e o consequente desaparecimento do homem moderno "como uma face desenhada na areia à beira do mar" (FOUCAULT, 1973, p. 387). Mas, como acontece com Levinas e Heidegger, a proclamação de Foucault sobre o fim do homem não estava apontada para o ser humano como tal, mas para os aspectos problemáticos de uma compreensão humanista do ser humano e, mais especificamente, para as maneiras pelas quais a concepção moderna do ser humano impõe restrições ao que poderia significar ser humano.

É isso, portanto, o que está realmente em jogo em expressões como "o fim do homem" e "a morte do sujeito" (BIESTA, 1998b; HEARTFIELD, 2002). Elas não visam denunciar a subjetividade humana ou a humanidade e a dignidade do ser humano, mas estão apontadas ao *humanismo*, isto é, à ideia de que é possível e desejável determinar a essência do ser humano. O princípio central da crítica do humanismo é que o próprio humanismo se tornou um obstáculo a salvaguardar a humanidade do ser humano. O humanismo tem de ser denunciado, para citar Levinas mais uma vez, não para denegrir o sujeito humano, mas porque o humanismo "não é *suficientemente* humano" (LEVINAS, 1981, p. 128; grifos meus). O desafio é, portanto, saber se é possível abordar a questão da humanidade do ser humano de um modo diferente, um modo que seja capaz de superar os aspectos e implicações problemáticas do humanismo. Esse é antes de tudo um desafio para a filosofia, mas, como argumentei anteriormente, questões filosóficas nunca são questões meramente teóricas. A questão sobre o que significa ser humano diz respeito a *todos* os nossos empenhos e aspirações. Portanto, não é só uma questão muito prática, mas também uma questão muito urgente num mundo que continua a ser perturbado por reivindicações concorrentes sobre o que significa levar uma vida humana. Por todas essas razões, o desafio de superar o humanismo é também um desafio crucial para a educação – isto é, caso se admita que há uma diferença significativa entre educação e socialização; caso se admita, em outras palavras, que a educação é mais do que a simples inserção do indivíduo humano numa ordem preexistente, que ela acarreta uma responsabilidade pela unicidade de cada ser humano individual.

Nos capítulos seguintes, investigo como poderíamos compreender e abordar a educação depois da morte do sujeito. Investigo, em outras palavras, o formato que a educação poderia apresentar, se já não fosse instruída ou fundamentada por uma compreensão humanista da subjetividade humana. Por um lado, discuto mais detalhadamente por que e como o humanismo é um problema para a educação; por outro lado, tento desenvolver um modo diferente de compreender e abordar a educação, um modo, como mencionei anteriormente, que vê a questão da humanidade do ser humano como uma questão radicalmente *aberta*, uma questão que só pode ser respondida pela participação na educação, em vez de uma questão que precisa ser respondida *antes* de podermos participar na educação. Interesso-me particularmente em apresentar uma alternativa para a compreensão moderna da educação, em que ela é compreendida em termos da "produção" da pessoa autônoma racional, e em que o educador é visto como uma parteira cuja tarefa é liberar o potencial racional do ser humano. Isso não constitui uma sugestão de que estou de algum modo contra a racionalidade. Significa apenas que não acho que a racionalidade pode ou deve ser a medida da humanidade, nem que a racionalidade pode ser compreendida fora dos limites da história humana.

A abordagem que apresento neste livro poderia ser compreendida como o reverso da maneira tradicional de pensar sobre a educação. Afirmo que não devemos abordar a educação do ponto de vista de um educador tentando produzir ou liberar alguma coisa. Em lugar disso, afirmo que devemos focar as maneiras pelas quais o novo início de cada indivíduo pode tornar-se "presença". À primeira vista, isso talvez pareça uma versão da pedagogia centrada na criança. Entretanto, é tudo menos isso, porque, como argumento neste livro, só podemos nos tornar presença num mundo povoado por outros que não são como nós. O "mundo", compreendido como um mundo de pluralidade e diferença, não é apenas a condição *necessária* para que os seres humanos possam se tornar presença; é ao mesmo tempo uma condição *problemática*, que torna a educação um processo inerentemente *difícil*. O papel do educador em tudo isso não é o de um técnico, de uma parteira, mas tem de ser compreendido em termos da responsabilidade pela "vinda ao mundo" de seres únicos, singulares, e em termos da responsabilidade pelo mundo como um mundo de pluralidade e diferença.

Nos seis capítulos que se seguem, desenvolvo essa linha de pensamento da seguinte maneira. No capítulo 1, começo por inserir a discussão num contexto contemporâneo mais amplo. Mostro que a linguagem da educação parece ter sido quase completamente substituída por uma linguagem da aprendizagem. Afirmo que algo se perdeu na transição da "educação" para a "aprendizagem", e que, como resultado, a muitos que estão atualmente envolvidos na educação – quer como estudantes, quer como educadores – falta uma linguagem que possa ajudá-los a compreender o caráter complexo e difícil dos processos e das relações educacionais. Investigo o que constitui uma relação educacional e, por meio desse exame, apresento o esboço de um modo diferente de compreender e abordar a educação. Nos quatro capítulos seguintes, desenvolvo os diferentes aspectos desse modo alternativo de compreender e abordar a educação de forma mais detalhada.

No capítulo 2, o foco recai sobre a crítica do humanismo e as afirmações sobre o fim do homem e a morte do sujeito. Afirmo que, em vez de tentar encontrar uma resposta para a questão do *que* é o sujeito humano, quais são sua essência e natureza, deveríamos fazer uma pergunta diferente, a saber, onde o sujeito humano, como um indivíduo único e singular, torna-se "presença". Discuto as possíveis maneiras diferentes de compreender "tornar-se presença" e enfatizo as dimensões sociais e éticas de "tornar-se presença". Uma conclusão importante desse capítulo é que só podemos nos tornar presença num mundo povoado por outros que não são como nós, um mundo de pluralidade e diferença.

No capítulo 3, continuo essa argumentação com uma investigação de como devemos compreender a comunidade em que os indivíduos podem tornar-se presença. Essa comunidade, afirmo, não é constituída por uma identidade comum, mas existe antes como uma comunidade de pluralidade e diferença radicais. Nessa comunidade-sem-comunidade, só podemos nos relacionar por meio da responsabilidade, e é pelas relações de responsabilidade que somos constituídos como seres únicos e singulares. No capítulo 4, examino com mais detalhes o que isso implica para a educação e o que dela requer. Afirmo que só podemos vir ao mundo se outros também podem vir ao mundo, o que significa que nossa vinda ao mundo depende da existência da pluralidade e da diferença. Entretanto, isso torna a educação um processo inerentemente difícil, se não contraditório – no capítulo, chamo esse processo a natureza desconstrutiva da educação.

No capítulo 5, focalizo a questão da responsabilidade educacional e, mais especificamente, a questão da criação de "espaços mundanos", espaços de pluralidade e diferença que são uma condição necessária para que seres únicos e singulares se tornem presença. Comparando a educação com a arquitetura, investigo o que significa construir um espaço mundano. Concluo que a responsabilidade acarreta um dever duplo: para a educação e para seu desfazer.

No capítulo 6, mostro de que maneiras a abordagem da educação que apresentei nos capítulos anteriores faz diferença para o modo como compreendemos e abordamos a educação democrática. Argumento contra a ideia de educação democrática como um processo de produção da pessoa democrática e sugiro, em vez disso, uma abordagem que focalize as maneiras como os seres humanos podem agir, podem vir ao mundo como um mundo de pluralidade e diferença. Com base nisso, apresento três novas questões para a educação democrática, questões que não focam a educação da pessoa democrática, mas investigam as condições para que a ação seja possível nas escolas e na sociedade, o que pode ser aprendido por termos sido ou não termos sido capazes de agir. Concluo o livro com um apelo por uma pedagogia da interrupção.

CAPÍTULO 1

Contra a aprendizagem: recuperando uma linguagem para a educação numa era da aprendizagem

Por que a linguagem importa para a educação? Se fôssemos pensar a linguagem apenas como uma descrição da realidade, não haveria muito a dizer em resposta a essa questão. Nesse caso, a educação simplesmente "é" e a linguagem simplesmente descreve "o que é". Entretanto, a descrição é apenas uma função da linguagem – sendo ela própria uma função problemática. A linguagem não é simplesmente um espelho da realidade. Pelo menos desde Dewey e Wittgenstein, sabemos que a linguagem é uma prática, é algo que fazemos. E, pelo menos desde Foucault, sabemos que as práticas linguísticas e discursivas delineiam – e talvez possamos dizer até: constituem – o que pode ser visto, o que pode ser dito, o que pode ser conhecido, o que pode ser pensado e, finalmente, o que pode ser feito. Assim como a linguagem torna possíveis alguns modos de dizer e fazer, ela torna outras maneiras de dizer e fazer difíceis e às vezes até impossíveis. Essa é uma razão importante pela qual a linguagem importa para a educação, porque a linguagem – ou as linguagens

– existente para a educação influencia em grande medida o que pode ser dito e feito, e também o que não pode ser dito e feito.

Neste capítulo, focalizo a maneira como a linguagem existente para os educadores tem passado por uma transformação nas últimas duas décadas. Afirmo que a linguagem da *educação* tem sido em grande parte substituída por uma linguagem da *aprendizagem*. Embora essa "nova linguagem da aprendizagem" tenha tornado possível expressar ideias e compreensões que eram um tanto difíceis de articular por meio da linguagem da educação, outros aspectos de nossa compreensão do que a educação é ou deveria ser tornaram-se muito mais difíceis de articular. Algo se perdeu na mudança da linguagem da educação para a linguagem da aprendizagem. É por essa razão que desejo argumentar que há uma necessidade de recuperar uma linguagem *da* educação *para* a educação. Fazer isso, entretanto, não significa simplesmente um retorno à linguagem ou às linguagens que foram usadas no passado. Em certo sentido, a tarefa diante de nós é *reinventar* uma linguagem para a educação – uma linguagem que responda aos desafios teóricos e práticos com que nos defrontamos hoje em dia.

Muitos educadores, passados e presentes, inspiraram-se numa linguagem *emancipatória* da educação. Há uma longa tradição que focaliza a educação como um processo de emancipação *individual* concebida como uma trajetória da infância para a vida adulta, da dependência para a independência, da heteronomia para a autonomia. Os educadores críticos nos ajudaram a ver que não há emancipação individual sem emancipação *social*. Apesar da diferença na ênfase, ambas as tradições estão intimamente ligadas com a ideia iluminista da emancipação por meio da compreensão racional, e com a estrutura humanista em que a racionalidade é vista como a essência e o destino do ser humano. Como mostrei no prefácio, isso se expressa na ideia de que a meta da educação é atingir um estado de *autonomia racional*. Vivemos agora numa era em que estamos começando a perceber que não há *uma única* racionalidade, mas que há muitas – uma era que poderíamos chamar pós-moderna ou pós-colonial. Vivemos agora numa era em que estamos começando a perceber que a cognição, o conhecimento, é apenas um modo de se relacionar com o mundo natural e social, e não necessariamente o mais frutífero, importante ou liberador. As crises políticas e ecológicas que testemunhamos hoje são uma indicação de que a visão de mundo que sublinha a linguagem emancipatória da educação pode ter chegado a seu ponto de esgotamento. Atualmente a questão mais importante para nós já não é como podemos dominar racionalmente o mundo natural e social. Hoje a questão mais importante é como podemos reagir responsavelmente ao que e a quem é outro, e como podemos viver pacificamente com o que e com quem é outro (ver, por exemplo, SÄFSTRÖM; BIESTA, 2001).

Neste capítulo, desejo fazer uma contribuição para o desenvolvimento de uma linguagem da educação que dê uma resposta a esses desafios. Vou sugerir blocos de construção para uma linguagem que enfatiza as relações educacionais, a confiança e a responsabilidade, reconhecendo ao mesmo tempo o caráter inerentemente *difícil* da educação. Em capítulos posteriores, vou investigar essas dimensões com mais detalhes.

A nova linguagem da aprendizagem

Uma das mudanças mais notáveis que ocorreram na teoria e prática da educação nas últimas duas décadas foi a ascensão do conceito de "aprendizagem" e o subsequente declínio do conceito de "educação". Ensinar foi redefinido como apoiar ou facilitar a aprendizagem, assim como a educação é agora frequentemente descrita como propiciadora de oportunidades ou experiências de aprendizagem. Alunos e estudantes se tornaram aprendentes, e a educação adulta se tornou aprendizagem adulta. Na Inglaterra e no País de Gales, a Educação Adicional e a Educação Adulta foram oficialmente renomeadas como o Setor de Habilidades e Aprendizagem. E os governos ao redor do mundo já não pleiteiam educação recorrente ou permanente, mas enfatizam a necessidade de uma aprendizagem de vida inteira e a criação de uma sociedade aprendente. "Aprendizagem" tornou-se também um conceito favorito em documentos de políticas nacionais e internacionais, como se pode vislumbrar em títulos como *Aprendizagem de Vida Inteira para Todos* (OECD, 1996), *A Era da Aprendizagem: Uma Renascença para uma Nova Bretanha* (DfEE, 1998) e *Aprender para Ter Sucesso* (DfEE 1999). O Reino Unido tem agora até um serviço baseado na internet para todo mundo que deseja aprender, chamado *learndirect*®, montado pela Universidade para a Indústria e destinado a transformar o Reino Unido numa sociedade aprendente. O website *learndirect*® anuncia seus serviços da seguinte maneira:

> Bem-vindos a **learndirect**.
>
> **learndirect** é uma forma de aprendizagem novinha em folha – para todo mundo! **learndirect** é projetado com você em mente. Nossos cursos são

baseados em computador, mas não deixe que isso o perturbe! A maneira mais fácil de começar é ir a um dos muitos centros **learndirect** em todo o país. Nossa equipe amigável estará a postos para ajudá-lo. Você não precisa de nenhuma experiência – nós o guiaremos em sua aprendizagem passo a passo (<http://www.learndirect.co.uk/personal>. Acesso em: 10 mar. 2003).

O seguinte trecho de um documento sobre aprendizagem de vida inteira publicado pela Comissão Europeia fornece outro exemplo claro do que proponho chamar a "nova linguagem da aprendizagem".

> Colocar os aprendentes e a aprendizagem no centro da educação e de métodos e processos de treinamento não é absolutamente uma ideia nova, mas, na prática, a estrutura estabelecida das práticas pedagógicas na maioria dos contextos formais tem privilegiado o ensino em vez da aprendizagem [...] Numa sociedade com um conhecimento de alta tecnologia, esse tipo de ensino-aprendizagem perde eficácia: os aprendentes devem se tornar proativos e mais autônomos, preparados para renovar continuamente seu conhecimento e reagir de forma construtiva a constelações mutáveis de problemas e contextos. O papel do professor se torna acompanhamento, facilitação, aconselhamento, apoio e orientação a serviço dos esforços dos aprendentes para acessar, utilizar e finalmente criar o conhecimento (COMISSÃO DAS COMUNIDADES EUROPEIAS, 1998, p. 9, citado por FIELD, 2000, p. 163).

Embora o conceito de "aprendizagem" tenha se tornado quase onipresente no discurso educacional contemporâneo, é importante ver que a nova linguagem da aprendizagem não é o resultado de um processo particular ou a expressão de uma única agenda subjacente. Deve ser antes compreendida como o resultado de uma combinação de tendências e desenvolvimentos diferentes e parcialmente até contraditórios, o que sugere que a nova linguagem da aprendizagem é mais o efeito de uma série de eventos do que o resultado buscado de um programa ou agenda particular. Há pelo menos quatro tendências que, de um ou outro modo, têm contribuído para o surgimento da nova linguagem da aprendizagem.

(1) Novas Teorias da Aprendizagem: é possível encontrar uma tendência influente na área da psicologia da aprendizagem que diz respeito ao aparecimento de teorias construtivistas e socioculturais da aprendizagem (ver, por exemplo, Fosnot, 1996; Lave; Wenger, 1991). Essas teorias têm questionado a ideia de que a aprendizagem seja a absorção passiva de informações e têm argumentado que o conhecimento e a compreensão são ativamente construídos pelo aprendente, frequentemente em cooperação com outros aprendentes. Isso desviou a atenção das atividades dos professores para as atividades do estudante. Em consequência, a aprendizagem tornou-se muito mais central na compreensão do processo da educação. Noções como "servir de andaime" têm fornecido uma perspectiva em que o ensino pode ser facilmente redefinido como apoio e facilitação para a aprendizagem.

(2) Pós-modernismo: o impacto do pós-modernismo sobre a teoria e a prática educacional tem contribuído igualmente para o surgimento da nova linguagem da aprendizagem. Nas últimas duas décadas, muitos autores argumentaram que o projeto da educação é um projeto

inteiramente moderno, intimamente ligado à herança do Iluminismo (ver, por exemplo, Usher; Edwards, 1994). Assim, a dúvida pós-moderna sobre a possibilidade e a viabilidade do projeto da modernidade propôs questões fundamentais sobre a configuração moderna da educação, particularmente com respeito à ideia de que os educadores podem liberar e emancipar seus estudantes transmitindo racionalidade e pensamento crítico. Se, como tem sido afirmado, por exemplo, pelo teórico educacional alemão Hermann Giesecke (1985), o pós-modernismo implica o fim da educação, o que resta senão a aprendizagem?

(3) A "explosão silenciosa" da aprendizagem adulta: o surgimento da nova linguagem da aprendizagem não é apenas o efeito de mudanças teóricas e conceituais. Há também o fato simples de que atualmente um número cada vez maior de pessoas gasta uma parte cada vez maior de seu tempo e dinheiro em todos os tipos de diferentes formas de aprendizagem, dentro e também cada vez mais fora dos cenários formais de instituições educacionais estabelecidas. Existem não somente evidências conclusivas de que o volume e o nível de participação na educação adulta formal têm crescido. Há também um mercado em rápida expansão para modos não formais de aprendizagem, como nas academias de ginástica e clubes esportivos, por meio de manuais de autoajuda, da internet, dos vídeos, CDs, DVDs, etc. Uma das características mais significativas do que John Field (2000) mencionou como a "explosão silenciosa da aprendizagem" é que a nova aprendizagem é muito mais *individualista*, tanto em termos de sua forma como em termos de seu conteúdo e objetivo. Field observa que muitos aprendentes adultos lutam hoje em dia consigo mesmos, por exemplo, com

seus corpos, suas relações ou sua identidade. A natureza individualista e individualizada das atividades a que os novos aprendentes adultos se dedicam ajuda a compreender por que a palavra "aprendizagem" tornou-se um conceito tão apropriado para descrever essas atividades.

(4) A erosão do Estado de bem-estar social: o surgimento da nova linguagem da aprendizagem pode ser também relacionado com desenvolvimentos políticos e socioeconômicos mais amplos, particularmente com a erosão do Estado de bem-estar social e o aparecimento da ideologia de mercado do neoliberalismo. Uma das ideias-chave subjacentes ao Estado de bem-estar social é o princípio da redistribuição da riqueza para que serviços como assistência médica, segurança social e educação possam estar disponíveis para todos os cidadãos, e não apenas para aqueles que podem pagar por eles. Embora grande parte desse sistema ainda esteja em vigor em muitos países (se bem que com níveis crescentes de parcerias público-privadas ou até privatização plena), a relação entre os governos e os cidadãos mudou em muitos casos de uma relação política para uma relação econômica: uma relação entre o Estado como provedor de serviços públicos e o contribuinte como o consumidor de serviços estatais. *Value for money* [bom uso do dinheiro dos impostos] tornou-se um princípio orientador nas transações entre o Estado e seus contribuintes. Essa maneira de pensar está na base do surgimento de uma cultura de prestação de contas que resultou em sistemas rigorosos de inspeção e controle e em protocolos educacionais cada vez mais prescritivos. É também a lógica por trás dos sistemas de vales-educação e da ideia de que os pais, como os consumidores da educação de seus filhos, devem

decidir em última análise o que deve ser oferecido nas escolas (uma análise crítica da morte da educação como um bem público é encontrada, por exemplo, em ENGLUND, 1994; APPLE, 2000; BIESTA, 2004a). Esse modo de pensar introduz uma lógica que focaliza quase exclusivamente o usuário ou consumidor do serviço educacional. Que nome poderia ser mais adequado para esse consumidor do que "o aprendente"?

Se isso basta como indicação de uma possível razão para a nova linguagem da aprendizagem ter sido criada – e desejo enfatizar mais uma vez que esses desenvolvimentos não são o resultado de uma única agenda subjacente e que eles não são todos necessariamente problemáticos ou ruins –, a questão a ser proposta a seguir é determinar o impacto que a nova linguagem da aprendizagem tem causado sobre o discurso e a prática da educação. Qual é o problema com a nova linguagem da aprendizagem? O que pode ser dito por meio da nova linguagem da aprendizagem e, mais importante, o que já não pode ser dito por meio dessa linguagem? Existe uma razão para ser contra a "aprendizagem"?

Contra a aprendizagem?

O principal problema com a nova linguagem da aprendizagem é que ela tem facilitado uma nova descrição do processo da educação em termos de uma *transação econômica*, isto é, uma transação em que (1) o aprendente é o (potencial) consumidor, aquele que tem certas "necessidades", em que (2) o professor, o educador ou a instituição educacional são vistos como o provedor, isto é, aquele que existe para satisfazer as necessidades do aprendente, e em que (3) a própria educação se torna uma mercadoria – uma "coisa" – a ser fornecida ou entregue pelo professor ou pela instituição educacional, e a ser consumida pelo aprendente. Essa é a lógica que existe por trás da ideia de que as instituições educacionais e os educadores individuais devem ser flexíveis, que devem responder às necessidades dos aprendentes, que devem dar a seus aprendentes *value for money* [bom uso de seu dinheiro], e talvez até que devem operar segundo o princípio de que o aprendente/consumidor está sempre com a razão. Esse é claramente o mundo do *learndirect*®, em que "você não precisa ter nenhuma experiência", em que a aprendizagem baseado em computador não deve "perturbá-lo" e em que "nossa equipe amigável estará sempre a postos para ajudá-lo". É também a lógica que exige dos educadores e das instituições educacionais uma prestação de contas, pois o que constitui em última análise a relação entre o aprendente/consumidor e o educador/provedor são os pagamentos que os aprendentes efetuam quer diretamente, quer, no caso de uma educação financiada pelo Estado, por meio de impostos.

A partir de certo ângulo, faz realmente sentido considerar o processo da educação nesses termos, isto é, ao menos para reparar os desequilíbrios de uma situação em que a educação tem sido principalmente inflexível e conduzida pelo provedor. Afinal, o acesso à educação tem tudo a ver com fatos básicos como ser capaz de frequentar a escola, a instituição de ensino superior ou a universidade, e tradicionalmente aqueles grupos que não puderam organizar suas vidas em torno dos requisitos e horários das instituições educacionais foram simplesmente excluídos de muitas oportunidades educacionais. É por isso que as aulas noturnas, as universidades abertas e a aprendizagem flexível e a distância são tão importantes. É também a principal razão por que as instituições educacionais e os educadores individuais devem responder às necessidades dos aprendentes. Pensar nos estudantes como aprendentes e nos aprendentes como clientes que querem um bom emprego de seu dinheiro pode realmente ajudar a alcançar oportunidades educacionais iguais para todos.

A questão mais fundamental, entretanto, é se a própria educação pode ser compreendida – e deve ser compreendida – em termos econômicos, isto é, como uma situação em que o aprendente tem certas necessidades e em que é tarefa do educador satisfazer essas necessidades. Acredito, seguindo Feinberg (2001), que esse *não* é o caso, e que precisamente por essa razão a comparação entre uma relação econômica e uma relação educacional não funciona. Por que tal se dá?

No caso das transações econômicas, podemos, em princípio, supor que os clientes sabem quais são suas necessidades e que eles sabem o que desejam. (O "em princípio" é importante nesse caso, porque sabemos todos muito bem como as necessidades dos consumidores são manufaturadas pela indústria da publicidade.) Essa é também uma suposição válida no caso da educação? Talvez pareça que a maioria dos pais sabe muito bem o que deseja da escola a que envia seus filhos. Mas isso é apenas verdade num nível muito geral – e talvez seja verdade apenas devido à existência de fortes expectativas culturais sobre por que as crianças devem ir para a escola e o que se pode esperar das escolas e da educação escolar. Mas a maioria dos pais não envia – ou ainda não envia – seus filhos para a escola com uma lista detalhada do que deseja que o professor faça. Como: "Prezada Senhorita, por favor, dê a Mary 30 minutos de instrução de matemática usando o método A, seguidos por 15 minutos de ensino corretivo e, depois disso, por favor, 20 minutos de educação religiosa, e também um pouco de interação com as outras crianças da sua sala". Os pais geralmente enviam os filhos à escola porque desejam que sejam educados, mas cabe ao julgamento e à competência profissional do professor tomar decisões sobre o que essa determinada criança realmente precisa. Aqui existe uma diferença fundamental entre o modelo econômico ou de mercado e o modelo profissional. Como Feinberg explica:

> Nos modelos de mercado, supõe-se que os consumidores sabem do que necessitam, e os produtores oferecem melhor preço e mais qualidade para satisfazê-los. Nos modelos profissionais, o produtor não só presta um serviço para determinada necessidade, mas também o define [...]. Sam procura um médico queixando-se de dor de cabeça. Ele precisa de aspirina ou de uma cirurgia no cérebro? Só o médico sabe (FEINBERG, 2001, p. 403).

Essa situação seria diferente no caso dos aprendentes adultos? Presumivelmente não. Em média, os adultos podem ser mais capazes de articular o que desejam da educação e assim podem ser mais capazes de definir suas necessidades educacionais. Mas há não só muitos casos em que os adultos se engajam na educação precisamente para descobrir o que realmente desejam ou precisam. É necessário também não esquecer os muitos relatos de adultos para quem engajar-se na educação foi literalmente um evento transformador na vida, uma experiência pela qual eles não só vieram a saber o que realmente queriam ou precisavam, mas pela qual encontraram igualmente um novo sentido de seu eu. Isso não é sugerir que encontrar um novo sentido de seu eu ou uma nova identidade seja sempre uma experiência positiva. Encontrar uma nova identidade significa renunciar a uma identidade antiga, e muito frequentemente não há como voltar atrás, como fica evidenciado em clássicos como *Educating Rita*, de Willy Russell, e *Pigmaleão*, de George Bernard Shaw.

Pensar na educação como uma transação econômica, como um processo de satisfazer as necessidades do aprendente – algo que se tornou possível pela nova linguagem da aprendizagem –, é, portanto, antes de mais nada problemático, porque se compreende mal o papel do aprendente e o papel do profissional da educação na relação educacional. Esquece-se de que uma razão principal para engajar-se na educação é precisamente descobrir o que realmente se deseja ou precisa. Esquece-se também de que os profissionais da educação têm um papel crucial a desempenhar no processo da definição das necessidades, porque uma parte importante de sua competência profissional reside nesse ponto; um papel que precisamente os distingue dos vendedores, cuja única tarefa é entregar as mercadorias ao cliente.

A ideia de que a educação deve consistir em satisfazer as necessidades predefinidas do aprendente é também problemática porque sugere uma estrutura em que as únicas questões que podem ser significativamente propostas são questões *técnicas*, isto é, questões sobre a eficiência e a eficácia do *processo* educacional. As questões mais importantes sobre o conteúdo e o objetivo da educação tornam-se virtualmente impossíveis de serem propostas, a não ser que em resposta às necessidades do aprendente. Como se supõe que o aprendente sabe ou deveria saber o que ele ou ela quer aprender, e por que ele ou ela quer aprender tal coisa, as questões sobre o conteúdo e o objetivo da educação não se tornam só totalmente *individualizadas*. Numa escala mais ampla, podem se tornar sujeitas às forças do mercado. Um efeito disso é que, para atrair os aprendentes, a própria aprendizagem tem de ser pintada como fácil, atraente e emocionante, e muitas outras coisas mais – o que é precisamente a mensagem de *learndirect*®, a "forma de aprendizagem nova em folha" para a qual "você não precisa de nenhuma experiência" e na qual o uso de computadores "não deve perturbá-lo".

Talvez haja áreas importantes em que realmente deve caber ao aprendente individual decidir sobre o conteúdo e o objetivo de sua aprendizagem. Meu ponto aqui não é dizer que apenas algumas aprendizagens devem ser consideradas legítimas e respeitáveis. Mas quero argumentar que as questões sobre o conteúdo e o objetivo da aprendizagem devem ser vistas em primeiro lugar como questões educacionais importantes, na medida em que adquirir uma compreensão do que se quer ou precisa é em si mesmo uma experiência importante de aprendizagem. Portanto, estou também dizendo que essas questões devem ser vistas como questões sociais e interpessoais, e não simplesmente como questões de preferência individual. Questões sobre quem somos e quem desejamos nos tornar por meio da educação, embora de imensa importância para nós mesmos, são sempre questões sobre nossas relações com os outros e sobre nosso lugar no tecido social. Numa escala mais ampla, as questões sobre o conteúdo e o objetivo da educação são, portanto, questões fundamentalmente *políticas*. Deixar uma resposta a essas questões a cargo das forças do mercado – e todos sabemos como os mercados podem ser manipuladores para assegurar seu próprio futuro – priva-nos da oportunidade de ter uma voz democrática na renovação educacional da sociedade.

Há, portanto, duas objeções contra a nova linguagem da aprendizagem ou, para ser mais preciso, contra uma linha de pensamento que se tornou possível pela nova linguagem da aprendizagem. Um problema é que a nova linguagem da aprendizagem facilita uma compreensão *econômica* do processo da educação, na qual o aprendente supostamente sabe o que ele ou ela deseja e na qual o provedor se apresenta simplesmente para satisfazer as necessidades do aprendente (ou, em termos mais diretos: para satisfazer o cliente). Tenho mostrado como essa descrição interpreta mal a dinâmica das relações educacionais. O outro problema com a lógica da nova linguagem da aprendizagem é que ela torna muito difícil propor questões sobre o conteúdo e o objetivo da educação que não sejam aquelas formuladas em termos do que "o cliente" ou "o mercado" deseja. Isso, tenho afirmado, representa uma ameaça ao profissionalismo educacional e acaba solapando a deliberação democrática sobre os objetivos da educação.

Por essas razões, acredito que devemos ser extremamente cautelosos ao usar a linguagem da aprendizagem. Não só porque esse uso poderia solapar nosso próprio profissionalismo como educadores, mas também porque poderia desgastar uma discussão aberta e democrática sobre o conteúdo e o objetivo da educação. Entretanto, a nossa atitude não pode ser simplesmente negativa. Precisamos reivindicar – ou antes, reinventar – uma linguagem da educação que possa servir como uma alternativa para a linguagem da aprendizagem. É para essa tarefa que agora me voltarei.

Da aprendizagem para a educação: o que constitui uma relação educacional?

Tenho argumentado que não devemos compreender a relação educacional como uma relação econômica, isto é, como uma relação entre um provedor e um consumidor. Mas o que, então, constitui uma relação educacional? E que tipo de linguagem seria apropriado para captar o que é especial a respeito das relações educacionais? Minha resposta a essa pergunta está centrada em torno de três conceitos entrelaçados: confiança, violência e responsabilidade; ou, para ser mais preciso: confiança sem fundamento, violência transcendental e responsabilidade sem conhecimento.

Confiança (sem fundamento)

Onde começa a educação? Talvez comece com um aprendente que deseja aprender algo, que procura conhecimento, habilidades, qualificações, mudança ou aventura, e que busca um modo de aprender ou talvez até alguém com quem aprender. Claro, podemos tentar organizar esse processo em etapas bem definidas. O aprendente sabe o que deseja aprender, assim o provedor deve assegurar-se de que é precisamente isto – nada mais e nada menos – o que o aprendente aprenderá. Daí os contratos de aprendizagem, daí a prestação de contas, daí a inspeção e o controle, daí *learndirect*® – a "forma de aprendizagem novinha em folha" que é projetada "com você em mente".

Entretanto, mesmo que alguém se engaje em formas muito bem organizadas de aprendizagem, há sempre um *risco*. Não só existe o risco de que você não aprenda o que queria aprender (e nesse caso você sempre pode processar o provedor). Existe também o risco de que você aprenda coisas que nem teria imaginado que aprenderia, ou que você nem teria imaginado que desejaria aprender. E existe o risco de que você aprenda algo que preferiria não aprender – algo sobre si mesmo, por exemplo. Engajar-se em aprender sempre acarreta o risco de que a aprendizagem possa ter um impacto sobre você, de que a aprendizagem possa mudá-lo. Isso significa que a educação só começa quando o aprendente está disposto a correr um risco.

Um modo de expressar tal fato é dizer que um dos elementos constituintes da relação educacional é a *confiança*. Por que o risco e a confiança estão ligados? Basicamente porque a confiança gira em torno daquelas situações em que não se sabe e não se pode saber o que vai acontecer. A confiança é, pela sua própria natureza, sem fundamento, porque, se a confiança de alguém fosse fundamentada, isto é, se alguém *soubesse* o que iria acontecer ou como a pessoa em que depositou a confiança agiria e responderia, a confiança já não seria necessária. A confiança teria sido então substituída pelo cálculo. A confiança, entretanto, consiste no que é *incalculável*. Isso não é sugerir, claro, que a confiança deve ser cega. Só pretende realçar o fato de que a confiança acarreta, *estruturalmente*, e não acidentalmente, um momento de risco. Negar ou denegar o risco envolvido em engajar-se na educação é não perceber uma dimensão crucial da educação. Sugerir que a educação pode ser e deve ser livre de risco, que os aprendentes não correm nenhum risco ao se engajarem na educação, ou que os resultados da aprendizagem podem ser conhecidos ou especificados de antemão é uma representação errônea daquilo em que consiste a educação.

Poder-se-ia argumentar que a validade do argumento precedente depende de como se define a aprendizagem e também do tipo de aprendizagem em que se engaja. Afinal, nem toda aprendizagem acarreta um volume similar de risco, e algumas formas de aprendizagem podem ser totalmente previsíveis em seus resultados. Embora me incline a argumentar que toda aprendizagem pode conduzir a mudanças inesperadas e que, por essa razão, não há uma diferença fundamental entre aulas de direção de carro, um curso de história da arte, uma aprendizagem de como fazer soldas ou de como escrever, é na verdade importante considerar a maneira como definimos e compreendemos a própria aprendizagem. Isso me leva ao segundo aspecto da minha resposta à questão sobre o que constitui uma relação de educação.

Violência (transcendental)

O que é a aprendizagem? Os teóricos da aprendizagem, de tendência tanto individualista como sociocultural, têm desenvolvido uma série de diferentes relatos sobre como se dá a aprendizagem – ou, mais precisamente, o *processo* da aprendizagem. Embora difiram na sua descrição e explicação do processo, focalizando, por exemplo, processos no cérebro ou participação periférica legítima, muitos desses relatos pressupõem que a aprendizagem tem a ver com a aquisição de algo "externo", algo que existia antes do ato de aprender e que, como resultado da aprendizagem, torna-se posse do aprendente. É o que muitas pessoas têm em mente quando dizem que alguém aprendeu alguma coisa.

Mas podemos também considerar a aprendizagem de um ângulo diferente e vê-lo como uma *resposta*. Em vez de compreender a aprendizagem como uma tentativa de adquirir, dominar, internalizar e qualquer outra metáfora possessiva que nos ocorrer, poderíamos ver a aprendizagem como uma reação a um distúrbio, como uma tentativa de reorganização e reintegração em resposta a uma desintegração. Poderíamos considerar a aprendizagem como uma resposta ao que é outro e diferente, ao que nos desafia, irrita e até perturba, em vez de como a aquisição de algo que desejamos possuir. As duas maneiras de considerar a aprendizagem – como aquisição e como resposta – poderiam ser igualmente válidas, isto é, dependendo da situação em que propomos questões sobre a definição da aprendizagem. Mas, como argumentarei mais detalhadamente nos capítulos subsequentes, a segunda concepção de aprendizagem é a *educacionalmente* mais significativa, se admitimos que a educação não é apenas a transmissão de conhecimento, habilidades e valores, mas diz respeito à individualidade, à subjetividade ou à personalidade dos estudantes, com sua "vinda ao mundo" como seres únicos e singulares.

Enquanto a aprendizagem como aquisição consiste em obter mais e mais, a aprendizagem como resposta consiste em mostrar quem é você e em que posição está. Vir ao mundo não é algo que os indivíduos podem fazer sozinhos. Isso é assim, antes de tudo, pela razão óbvia de que para vir ao mundo é necessário que exista um mundo, e esse mundo é habitado por outros que não são como nós. Vir ao mundo não é tampouco algo que devemos compreender como um ato ou decisão de um indivíduo pré-social. Isso é assim, antes de tudo, porque se pode argumentar que a própria estrutura de nossa subjetividade, a própria estrutura de quem somos, é inteiramente social.

Mesmo quando pronunciamos uma palavra simples como "eu", já estamos fazendo uso de uma língua que, num sentido muito fundamental, não é nossa criação, nem nossa posse (DERRIDA, 1998). Mas isso também é assim, como vou discutir com mais detalhes nos capítulos 2 e 3, porque aquilo que faz de nós um ser único, singular – eu, e não você – deve ser preciosamente encontrado no modo como respondemos ao outro; à questão do outro e ao outro como questão (LEVINAS, 1989a; 1998; BIESTA, 2003a).

Se vemos a educação por esse ângulo, torna-se claro que uma das principais responsabilidades educacionais é a de propiciar oportunidades para que os indivíduos venham ao mundo. O que significaria propiciar essas oportunidades? Requer, em primeiro lugar, a criação de situações às quais os aprendentes sejam capazes e tenham a permissão de responder. Isso não só significa que deve haver algo a que responder – um currículo, por exemplo, porém não um currículo como o conteúdo que precisa ser adquirido, mas como a prática que permite respostas particulares (BIESTA, 2005). Requer igualmente que os educadores e as instituições educacionais demonstrem um interesse pelos pensamentos e sentimentos de seus estudantes, permitindo que respondam de acordo com suas próprias e únicas maneiras. Isso tem certamente implicações para a pedagogia e para a organização social da aprendizagem. O que *não* significa, entretanto, que qualquer resposta bastará e deve ser simplesmente aceita. Vir ao mundo não consiste definitivamente em autoexpressão. Consiste em entrar no tecido social e ser, portanto, inteiramente relacional (SIDORKIN; BINGHAM, 2004). Consiste em responder ao outro e assim ser também responsável pelo que é outro e por quem é outro – um tema que desenvolvo mais detalhadamente nos capítulos 2 e 3. Responder, portanto, consiste tanto em atividade, em dizer e fazer, quanto em passividade: escutar, esperar, ficar atento, criar espaço (BIESTA, 2001).

Os professores e outros educadores não só têm uma tarefa crucial em criar as oportunidades e um clima em que os estudantes possam realmente responder. Possuem igualmente a tarefa de desafiar seus estudantes a responder, confrontando-os com o que é outro e com quem é outro, e propondo questões fundamentais como "O que você acha sobre isto?", "Qual é sua posição?", "Como vai reagir?" (RANCIÈRE, 1991, p. 36; ver também MASSCHELEIN, 1998, p. 144; BIESTA, 1988a). Não há dúvida de que essas são questões muito *difíceis* – e retorno à questão sobre o grau de dificuldade que a educação deve ter no capítulo 4. Mas essas questões também são, num sentido muito fundamental, questões *educacionais,* porque desafiam os estudantes a mostrar quem eles são e qual é a sua posição. Ao fazê-lo, essas questões tornam possível que os estudantes venham ao mundo como seres únicos e individuais.

Se propor essas questões difíceis é um aspecto central e necessário das relações educacionais, então é importante reconhecer que essas relações não são necessariamente fáceis ou agradáveis. Ao propor as questões difíceis que permitem aos estudantes vir ao mundo, desafiamos e possivelmente perturbamos quem nossos estudantes são e onde estão. Isso significa que a educação acarreta uma *violação* da soberania do estudante. Derrida se refere a essa violação como "violência transcendental" (DERRIDA, 1978). A educação é uma forma de violência, uma vez que interfere na soberania do sujeito propondo questões difíceis e criando encontros difíceis. Mas é essa violação que torna possível a vinda ao mundo de seres únicos e singulares – sendo por isso que Derrida fala de tal violação como violência *transcendental*, o termo "transcendental" referindo-se ao que precisa ocorrer para tornar algo possível. Acentuar que a educação acarreta uma violação da soberania do estudante não é obviamente sugerir que a educação deve ser violenta. Serve apenas para lembrar que, como educadores, estamos sempre interferindo nas vidas de nossos estudantes, e que essa interferência pode ter um impacto profundo, transformador e até perturbador sobre nossos estudantes – o que está muito longe do mundo de *learndirect*®, em que a aprendizagem é descrito como "agradável e fácil" e sem nenhum risco.

Responsabilidade (sem conhecimento)

Se é isso o que constitui uma relação educacional e o que torna a educação possível, fica imediatamente claro que os educadores possuem uma imensa responsabilidade. Essa responsabilidade é mais do que uma responsabilidade pela "qualidade" do ensino ou por satisfazer com sucesso as necessidades do aprendente ou as metas da instituição. Se a educação consiste em criar oportunidades para que os estudantes venham ao mundo, e se consiste em propor as questões difíceis que tornam isso possível, fica claro que a primeira responsabilidade do educador é pela *subjetividade* do estudante, pelo que permite ao estudante ser um ser singular e único. Assumir a responsabilidade pela singularidade do estudante, pelo caráter único desse estudante em particular, não é algo que tenha a ver com cálculo. Não se trata de que precisamos saber tudo sobre nossos estudantes, antes de podermos assumir a responsabilidade por eles. Tampouco é o caso de que só podemos assumir a responsabilidade pelos nossos estudantes se conhecemos o que essa responsabilidade realmente acarreta, isto é, se sabemos o que vai acontecer no futuro como resultado de nossos esforços e intervenções educacionais. Pertence antes à própria estrutura da responsabilidade não conhecermos aquilo pelo que assumimos responsabilidade – se "assumir" for a palavra correta, em primeiro lugar. Nesse sentido a responsabilidade é *ilimitada*, porque, como nos lembra Derrida, uma responsabilidade limitada é apenas uma desculpa para se atribuir uma sã consciência. Ele escreve:

> Quando o caminho está claro e determinado, quando um certo conhecimento abre o caminho de antemão, a decisão já está tomada, poder-se-ia até dizer que não há nenhuma a ser tomada; irresponsavelmente, e em sã consciência, aplica-se ou implementa-se simplesmente um programa [...] Isso transforma a ação na consequência aplicada, a simples aplicação de um conhecimento ou técnica. Transforma a ética e a política numa tecnologia. Já não pertencente à ordem da decisão ou razão prática, começa a ser irresponsável (DERRIDA, 1992, p. 41, p. 45).

Envolver-se em relações *educacionais*, *ser* um professor ou *ser* um educador, implica, portanto, a responsabilidade por alguma coisa (ou melhor, por alguém) que não conhecemos e não podemos conhecer. É por isso que a *responsabilidade sem conhecimento* deve ser vista como a terceira dimensão do que constitui uma relação educacional – e no capítulo 5 discuto com mais detalhes o que essa responsabilidade acarreta.

Pela educação

Neste capítulo, examinei a nova linguagem da aprendizagem. Argumentei que o surgimento da nova linguagem da aprendizagem deve ser compreendido como o resultado não intencional de uma série de diferentes desenvolvimentos. Esses desenvolvimentos não são, em si, de todo ruins. As novas teorias da aprendizagem tiveram definitivamente um impacto positivo nas práticas educacionais; a crítica pós-moderna da educação moderna tem na verdade desmascarado estruturas e práticas autoritárias; e o aumento real em aprendizagem, a "explosão silenciosa", tem certamente aberto muitas novas oportunidades para a aprendizagem. Sou menos otimista quanto ao surgimento do neoliberalismo (ver também BIESTA, 2004a), e parece que a nova linguagem da aprendizagem se ajusta bastante bem à estrutura do pensamento neoliberal. Argumentei que pensar na educação como uma transação econômica não só interpreta mal o papel do aprendente e do educador na relação educacional; resulta também numa situação em que o conteúdo e o objetivo da educação se tornam sujeitos a forças do mercado, em vez de serem objeto do julgamento profissional e da deliberação democrática.

Embora a nova linguagem da aprendizagem tenha sido benéfica em alguns aspectos, tornou muito mais difícil propor questões *educacionais* sobre a educação – o que mostra por que a linguagem realmente importa para a educação. Na segunda metade do capítulo, tentei deixar claro o que significa propor essas questões. Foi o que fiz por meio de uma investigação dos elementos constituintes das relações educacionais, e focalizei o modo como, por meio de tais relações, os indivíduos como seres únicos e singulares podem vir ao mundo. Enfatizando como as relações educacionais são constituídas pela confiança sem fundamento, pela violência transcendental e pela responsabilidade sem conhecimento, comecei a delinear um modo diferente de compreender a educação, uma maneira que não se baseie numa verdade particular sobre o sujeito humano e não veja a educação como um processo de "produção" de um tipo particular de subjetividade, especialmente o sujeito racional autônomo da educação moderna. Nos próximos capítulos, apresento e discuto essa abordagem de forma mais detalhada. No capítulo 2, sugiro um modo de podermos superar o humanismo na educação, afastando-nos da questão sobre o que é o sujeito humano para a questão sobre onde o sujeito humano se torna presença. Argumento que só podemos nos tornar presença num mundo povoado por outros seres humanos que não são como nós. No capítulo 3, investigo essa ideia com mais detalhes examinando a relação entre educação, comunidade e responsabilidade. No capítulo 4, discuto a difícil natureza dos processos e das relações educacionais, enquanto no capítulo 5 volto-me para a questão da responsabilidade do educador. No capítulo 6, mostro como essa maneira de compreender e abordar a educação faz a diferença na teoria e na prática da educação democrática.

CAPÍTULO 2

Tornar-se presença:
a educação depois da morte do sujeito

Era uma vez – nos tempos modernos – um sujeito. Esse sujeito era visto como a fonte autônoma, pré-social e trans-histórica da verdade, da racionalidade e de sua própria identidade. Era o ponto a partir do qual o universo podia ser movido. Fomos informados de que esse sujeito já não está entre nós: foi descentrado, atingiu seu fim, morreu. Porém, essa morte do sujeito "orgulhosamente proclamada *urbi et orbi* há não muito tempo" (LACLAU, 1995, p. 93) foi sucedida por um novo e difundido interesse em questões sobre subjetividade e identidade. Como sugeriu Ernesto Laclau, a morte do Sujeito com um "S" maiúsculo pode muito bem ter sido a precondição desse renovado interesse. Talvez, como ele escreve, seja "a própria impossibilidade atual de atribuir as expressões concretas e finitas de uma subjetividade multifária a um centro transcendental o que torna possível concentrar nossa atenção na própria multiplicidade" (p. 93). Assim o sujeito parece ter se deslocado do centro do universo para o centro das discussões contemporâneas e do interesse prático e político. O que estamos presenciando hoje, como diz Laclau, é "a morte da morte do sujeito", o "ressurgimento do sujeito como resultado de sua própria morte" (p. 94).

Neste capítulo, investigo algumas das implicações da assim chamada "morte do sujeito" para a educação. Na primeira parte do capítulo, discuto o que está realmente em jogo na discussão. Por meio de uma leitura de Foucault, mostro que a discussão sobre a morte do sujeito – ou na expressão de Foucault: o fim do homem – deve ser compreendida como uma crítica do *humanismo*, uma crítica, isto é, da ideia de que é possível definir a essência do que é ser humano. Argumento que um dos principais problemas com a estratégia do humanismo é que ele só pode compreender o ser humano como um "o que" – uma "coisa" –, mas jamais como um "quem". O humanismo só pode ver os seres humanos individuais como exemplos de uma essência mais geral, mas jamais pode pensar no ser humano em sua singularidade e unicidade. Na segunda parte do capítulo, sugiro uma abordagem da questão da subjetividade humana que focalize a questão sobre onde e como o ser humano como um indivíduo único "torna-se presença". Argumento que nos tornamos presença por meio de nossas relações com os outros que não são como nós. Afirmo também que o que nos torna únicos nessas relações, o que nos constitui como seres singulares e únicos, deve ser encontrado na dimensão ética dessas relações.

O sujeito da educação

Uma coisa que tem se tornado cada vez mais clara como resultado das discussões sobre o pós-modernismo e a educação são as relações íntimas entre o Iluminismo, a modernidade e o "projeto" educacional. Robin Usher e Richard Edwards têm argumentado que a educação moderna é a "filha obediente" do Iluminismo. É "o veículo pelo qual os ideais iluministas da razão crítica, liberdade individual humanista e progresso benevolente são substanciados e concretizados" (USHER; EDWARDS, 1994, p. 24). Segundo Usher e Edwards, a própria lógica do processo educacional "está fundamentada na ideia humanista de certo tipo de sujeito que tem o potencial inerente de tornar-se automotivado e autodirigido, um sujeito racional capaz de exercer ação individual" (p. 24). O que é tipicamente moderno sobre esse processo é o fato de a tarefa da educação ser compreendida como "trazer para fora" ou ajudar a realizar esse potencial, "para que os sujeitos se tornem plenamente autônomos e capazes de exercer suas ações individuais e intencionais" (p. 24-25). É exatamente o que Immanuel Kant tinha em mente quando definiu o Iluminismo como "a liberação do homem de sua tutela autoinfligida [*Unmündigkeit*] por meio do exercício de seu próprio entendimento" (KANT, 1992, p. 90).

A ideia de que a educação deve gerar autonomia racional tem influenciado as práticas educacionais até os nossos dias, pelo menos pelo impacto da psicologia do desenvolvimento sobre a teoria e prática educacionais. Na obra de Jean Piaget, a autonomia racional figura como o estágio mais elevado – e por isso o resultado desejável – do desenvolvimento cognitivo, enquanto na obra de Lawrence Kohlberg caracteriza o estágio mais elevado do desenvolvimento moral. Dessa maneira, a concepção moderna do que significa ser humano tem se tornado parte de nossas ideias sobre o desenvolvimento humano normal. Isso, por sua vez, tem possibilitado pelo menos identificar desvios da norma, exemplificados em ideias sobre o desenvolvimento cognitivo e moral retardado, dificuldades de aprendizagem e necessidades educacionais especiais – ideias que têm influenciado de forma cabal o cenário institucional da educação. A noção de autonomia racional também desempenha um papel central nas abordagens críticas da educação, particularmente por meio da ideia de que é o motor para a emancipação (ver, por exemplo, MOLLENHAUER, 1964; MCLAREN, 1997).

Politicamente, o surgimento do projeto educacional moderno coincidiu com o nascimento da sociedade civil (BAUMAN, 1992, p. 3). A educação desempenhou um papel histórico na mudança da determinação heterônoma por Deus, Igreja e Rei para a autonomia e o autogoverno, não só em razão da sugestão de que "o Esclarecimento-pela-educação" era *possível*, mas ainda mais em razão da afirmação de que, para alcançar o estado de autonomia e autogoverno, a educação era *necessária*. No seu ensaio sobre educação, Immanuel Kant proclamou que os seres humanos só podem se tornar humanos, isto é, seres autônomos, por meio da educação (KANT, 1982, p. 697-699).

Filosoficamente, o cruzar do "limiar de nossa modernidade" (FOUCAULT, 1973, p. 319) foi sustentado por uma tradição que tomou o sujeito ciente – o *ego cogito*, a consciência ciente – como seu ponto de partida e seu fundamento. A tradição da "filosofia da consciência" atingiu seu apogeu na filosofia transcendental de Kant, na qual a consciência ciente – o "eu penso" ou "*Ich denke*" – era vista como o "ponto mais elevado a que devemos destinar todo o emprego da compreensão, até mesmo toda a lógica, e, de acordo com isso, a filosofia transcendental" (KANT, 1929, p. 134).

Embora a tradição da filosofia da consciência ainda ocupe um papel central na filosofia moderna, a ideia do *ego cogito* como fundamento e ponto de partida foi questionada muito antes do surgimento do pensamento pós-moderno. Hegel já questionava o projeto da filosofia da consciência, argumentando que a comunidade não é uma força externa que coage previamente indivíduos isolados, mas que os indivíduos são de alguma forma constituídos pela comunidade. No século XX, a intuição hegeliana foi adotada por pensadores como Dewey, Mead, Wittgenstein e Habermas, que argumentaram contra a ideia do *ego cogito* como ponto de partida e fundamento, dando primazia a práticas sociais intersubjetivas (Dewey: comunicação; Mead: interação simbólica; Wittgenstein: formas de vida; Habermas: ação comunicativa).

O passo da consciência para a intersubjetividade gerou uma mudança crucial na filosofia ocidental, pois abriu novos e diferentes caminhos para compreender a subjetividade e, mais especificamente, compreender a relação entre o sujeito e outros sujeitos. Na tradição da filosofia da consciência, pressupõe-se que o meu pensamento precede o meu encontro com o mundo e, mais especificamente, que o meu pensamento tem prioridade epistemológica sobre o meu encontro com o mundo – um mundo que inclui outros sujeitos. Nesse projeto, o outro aparece em primeiro lugar como um objeto da minha consciência, um objeto da minha experiência e conhecimento. A "virada" na filosofia do século XX tem questionado a aparente autoevidência do *ego cogito* e tem aberto novas avenidas para a compreensão da subjetividade humana. Embora a mudança da consciência para a intersubjetividade tenha proporcionado um sistema de referência que torna possível, em princípio, superar a relação problemática com o outro que é inerente à tradição da filosofia da consciência (WIMMER, 1988), em certo sentido essa mudança ainda está atada à própria tradição que procura superar. O problema é o seguinte: enquanto pensarmos sobre a intersubjetividade como uma nova teoria ou nova verdade sobre o sujeito humano – o que está implícito em noções populares como o homem na qualidade de ser relacional, um ser situado histórica e socialmente, ou um ser construído socialmente – continuaremos a nos basear no nível de teorização sobre o gesto totalizante de uma consciência que afirma ser capaz de dominar e conhecer o campo em que o sujeito aparece.

O fim do homem

É neste ponto que as discussões mais recentes sobre o "fim do homem" e a "morte do sujeito" representam uma intervenção diferente na tradição da filosofia da consciência. Embora Michel Foucault não seja o único filósofo "pós-moderno" que tratou dessas questões, a sua obra desempenhou um papel capital na discussão sobre o deslocamento do sujeito. No livro *A ordem das coisas: uma arqueologia das ciências humanas* (FOUCAULT, 1963), Foucault apresentou a afirmação de que o homem como o conhecemos hoje, isto é, não só como "um objeto de conhecimento", mas também "como um sujeito que conhece" (p. 312), é uma "invenção recente" (p. 386). Ele localiza o surgimento do "homem" na mudança epistêmica da Era Clássica para a Era Moderna, uma mudança que ocorreu no início do século XIX. Foucault argumenta que o homem, na Era Clássica, era apenas um ser entre outros seres, tendo seu lugar na ordem divina das coisas. Quando a crença nessa ordem divina e no lugar do homem dentro dela começou a ruir, o reconhecimento da finitude do homem começou a aparecer. O surpreendente sobre esse reconhecimento, argumenta Foucault, era não ser lamentado como uma limitação, mas, muito explicitamente na filosofia de Kant, transformado na própria condição da possibilidade de todo o conhecimento. Foucault considera essa tentativa – uma estratégia a que se refere como a *analítica da finitude* – a característica definidora da Era Moderna. A analítica da finitude recebeu sua articulação antropológica na "parelha empírico-transcendental" de Kant: o homem como um ser empírico entre outros seres e o homem como a condição transcendental de todo o conhecimento empírico. Essa figura-dupla marca o "limiar de nossa modernidade" (p. 319).

Segundo Foucault, a concepção moderna do homem estava condenada desde o início devido a seu caráter inerentemente contraditório. Ele mostra como a filosofia moderna foi assombrada pela tarefa difícil, se não impossível, de reivindicar simultaneamente uma identidade e uma diferença entre o "positivo" (a subjetividade humana como finita) e o "fundamental" (a subjetividade humana como a condição da possibilidade de todo o conhecimento) (p. 319). Sob a *episteme* moderna, o homem apareceu (1) como um fato entre outros fatos a ser estudado empiricamente, e ainda assim como a condição transcendental da possibilidade de todo o conhecimento (por exemplo, na filosofia de Kant); (2) como alguém rodeado pelo que não pode esclarecer, e ainda assim como um *cogito* potencialmente lúcido, a fonte de toda a inteligibilidade (por exemplo, na obra de Husserl e Freud); e (3) como o produto de uma longa história cujo início ele jamais pode alcançar, e ainda assim, paradoxalmente, como a fonte dessa própria história (por exemplo, na obra de Heidegger) (DREYFUS; RABINOW, 1983, p. 31). Ainda mais importante – e mais controversa – do que essa afirmação de que o homem é uma invenção recente foi a conclusão que Foucault tirou de suas investigações. Ele concluiu que, pelo fato de o surgimento do homem estar ligado com a episteme moderna, existem todas as razões para se esperar o desaparecimento final do homem "como uma face desenhada sobre a areia na beira do mar" (FOUCAULT, 1973, p. 387).

Foi por essa expressão particular que a obra de Foucault tem sido considerada a própria subversão da subjetividade humana. Mas até um exame superficial dos argumentos de Foucault mostra que o que está em jogo na ideia do fim do homem *não* é o desaparecimento final do homem "como tal", mas apenas o fim de uma determinada articulação *moderna* da subjetividade humana. A afirmação de Foucault sobre o fim do homem só diz respeito a um sujeito particular e a um tipo particular de subjetividade, que foi desenvolvido numa era particular sob circunstâncias particulares e, poderíamos acrescentar, para fins particulares. Isso não é dizer que a crítica de Foucault esteja apontada apenas para essa teoria específica da subjetividade, de modo que todos os problemas seriam resolvidos quando apresentássemos uma nova teoria. A crítica de Foucault está apontada para a estratégia mais geral em que "você primeiro estabelece uma teoria do sujeito [...] e que, a partir dessa teoria do sujeito, você passa a propor a questão, por exemplo, de como tal e tal forma de conhecimento foi possível" (FOUCAULT, 1991, p. 10). A objeção de Foucault diz respeito a qualquer teoria *a priori* do sujeito, isto é, a qualquer teoria sobre o sujeito que não leva em consideração a atividade teorizante desse próprio sujeito. Ele argumenta que, como tal teoria pressupõe uma objetificação prévia, não pode ser asseverada como uma base para o trabalho analítico. Isso não implica que o trabalho analítico deva prosseguir sem conceitualização. Mas Foucault nos alerta que "o objeto conceitualizado não é o único critério de uma boa conceitualização" (FOUCAULT, 1983, p. 209).

A tese de Foucault sobre o fim do homem, portanto, não é simplesmente uma crítica do autopresente *ego cogito* da filosofia moderna, que se apresenta a si mesmo. Trata da estratégia mais geral da filosofia moderna em que a questão filosófica básica é considerada uma questão *antropológica*, isto é, a questão "O que é o homem?" (ver FOUCAULT, 1973, p. 340-341). A crítica de Foucault está voltada para a configuração antropológica da filosofia moderna em que "a análise pré-crítica do que o homem é na sua essência torna-se a analítica de tudo que pode ser, em geral, apresentado à experiência do homem" (p. 341). Está voltada para o "sono antropológico" (p. 340) que Kant induziu na filosofia moderna. Está voltada, em suma, para os fundamentos humanísticos da modernidade (ver também SIMONS, 1995, p. 42-50).

É precisamente neste ponto que a crítica do humanismo formulada por Foucault ecoa a obra de Heidegger e Levinas. Como mostrei no prefácio deste livro, a crítica do humanismo apresentada por Heidegger dirige-se ao fato de que o humanismo é *metafísico*, na medida em que está "ou fundamentado na metafísica, ou é ele próprio transformado no fundamento de uma metafísica" (HEIDEGGER, 1993, p. 225). Isso torna impossível tratar a questão da humanidade do ser humano de um modo adequado, porque "toda determinação da essência do homem [...] já pressupõe uma interpretação de seres sem perguntar sobre a verdade do Ser" (p. 225-226). O problema com o humanismo, nas palavras de Heidegger, é, portanto, que ele "não coloca a *humanitas* do homem numa posição suficientemente elevada" (p. 233-234). O problema com o humanismo, como Levinas o propôs, é não ser *suficientemente* humano. Para Levinas, isso tem tudo a ver com o fato de que o humanismo só pode pensar no sujeito individual como um exemplo de uma essência humana mais geral. O humanismo só pode compreender o ser humano "dentro de uma estrutura de seu pertencimento a um gênero – o gênero humano" (LEVINAS, 1998b, p. 189). Em consequência, o sujeito nunca pode aparecer na sua "unicidade" (p. 189), nunca pode aparecer na sua singularidade (LEVINAS, 1998a, p. 26), isto é, como *este* indivíduo. O que Foucault nos ajuda a ver é que a maneira de sair dessa situação não reside numa nova *teoria* do sujeito. Requer antes uma nova *abordagem* da questão da subjetividade humana.

Na própria obra de Foucault, a palavra "abordagem" é compreendida de forma bem literal. Ele argumenta que o necessário para superar o humanismo não é uma nova doutrina ou uma nova teoria, mas uma diferente atitude ou *ethos* filosófico (ver FOUCAULT, 1984, p. 42). Foucault refere-se a esse *ethos* como uma "ontologia de nós mesmos" crítica e histórica, compreendendo-o como um modo inteiramente prático de crítica que assume a forma de uma possível *transgressão* (p. 105). Ele define transgressão como "uma investigação histórica dos eventos que nos levaram a nos constituir e a nos reconhecer como sujeitos do que estamos fazendo, pensando, dizendo, [com o intuito de] separar da contingência, que nos tornou o que somos, a possibilidade de já não ser, fazer ou pensar o que somos, fazemos ou pensamos" (p. 105). Isso implica que a transgressão é inteiramente experimental. O "trabalho feito nos limites de nós mesmos" não deve apenas abrir uma esfera de investigação histórica, mas deve também se pôr à prova (p. 105). Tem de ser concebido como um teste histórico, prático e não universal dos limites que nos são impostos, e "um experimento com a possibilidade de ir além deles" (p. 108) – embora não se deva esquecer que ir além dos limites não significa passar para uma esfera que seja ilimitada. Em jogo está o desenvolvimento de modos *diferentes* de "ser, fazer ou pensar o que somos, fazemos ou pensamos".

Isso mostra que, embora o modo de superar o humanismo não deva ser encontrado numa nova teoria ou verdade sobre a subjetividade humana, não devemos parar de pensar. O que é necessário, poderíamos dizer, não é tanto uma nova resposta para a questão do que *é* o sujeito humano, quanto um novo modo de formular essa questão. No que segue, sugiro que um modo de realizar isso é passar da questão d*o que* é o sujeito humano para a questão de onde o sujeito, como um ser único e singular, *torna-se presença*.

Quem vem depois do sujeito?

Na sua contribuição ao livro *Who Comes after the Subject?* (CADAVA *et al.*, 1991), Gérard Granel afirma que o sujeito da filosofia moderna, quer na forma de "*subjetividade* transcendental", quer como um "*subjectum* histórico", nunca foi pensado como um "quem", mas foi sempre abordado como um "o que", como uma coisa (GRANEL, 1991, p. 148). Enquanto a questão sobre *o que* é o sujeito pede uma definição do sujeito em geral, a questão sobre *quem* é o sujeito pede uma identificação do que poderíamos chamar o *ser* do sujeito como um indivíduo singular. Como observa Jean-Luc Nancy em sua contribuição ao livro, a própria questão sobre o "quem" do sujeito tem sido frequentemente compreendida como a questão sobre o "o que" desse "quem" (NANCY, 1991, p. 7). Tem sido abordada como a tarefa de encontrar um "o que" – a substância do sujeito, o sujeito como substância – que está por baixo do "quem" e faz com que esse "quem" seja o que é. Nancy sugere que, se quisermos levar a "questão-quem" a sério, precisamos abordá-la de modo diferente, como a questão sobre o "quem" do "quem". Ele explica:

> Mas é também uma questão: *quem é quem?* Não é "O que é quem?" – não é uma questão de essência, mas de identidade (como quando perguntamos diante da fotografia de um grupo de pessoas cujos nomes conhecemos, mas não os seus rostos: "Quem é quem?" – Este é Kant? Aquele Heidegger? E este outro ao lado dele?) (NANCY, 1991, p. 7).

Nancy argumenta que essa é uma questão de presença – "Quem existe *ali*? Quem está presente ali?" É, entretanto, "a presença do existente: não é uma essência". É por isso que ele argumenta ainda mais que não devemos focalizar a *presença* do sujeito como tal, mas antes o *tornar-se presença* do sujeito. A presença, afinal, "*ocorre*, isto quer dizer que *torna-se presença*". "Ali onde não havia nada (e nem mesmo um "ali")," escreve Nancy, "algo, *alguém, um* chega". *Alguém um*, "porque ele 'chega', não por causa de sua unidade substancial: o ela, ele ou a coisa que chega pode ser um e único na sua vinda, mas múltiplo e repetido 'em si mesmo' " (p. 7). Propor a questão da subjetividade humana dessa maneira, como uma questão sobre onde o sujeito como um ser singular e único – como alguém *um* – se torna presença, permite que nos afastemos da determinação do sujeito humano como uma substância ou essência. Permite que focalizemos a unicidade e singularidade do evento de *tornar-se presença* sem ter de explicar "o que" existia antes que "ele" se tornasse presença. Onde, portanto, o sujeito se torna presença? E como se torna presença como um ser singular e único? Para desenvolver uma resposta a essas questões, volto-me agora para uma discussão de quatro concepções diferentes de espaço.

A realidade virtual do espaço objetivo

A questão simples sobre onde está o sujeito tem uma longa história no pensamento ocidental. Talvez não deixe de ser importante que a primeira questão que Deus formulou ao homem (Adão) é precisamente uma questão de localização: "Onde está você?" (*Gênesis*, 3:9). No seu ensaio "You are here: Information Drift" ["Você está aqui: Deriva da Informação"], Laura Kurgan revela que uma resposta definitiva à pergunta "Onde estou?" – "que segundo alguns tem nos perturbado desde nossa origem" (KURGAN, 1994, p. 17) – foi finalmente encontrada. A resposta é o Sistema de Posicionamento Global (GPS), uma rede de 24 satélites e cinco estações terrenas destinada a fornecer a qualquer um que tenha um receptor portátil uma determinação altamente específica de sua localização, em qualquer lugar, em qualquer momento e em qualquer clima. GPS promete que as pessoas e seus veículos jamais se perderão, que um mundo de objetos estacionários, desde postes telefônicos a pântanos e a casas particulares, será fixado de uma vez por todas, que mísseis e bombas aterrissarão exatamente onde devem aterrissar (p. 18). Como Paul Virilio deixa claro, o GPS "permite uma orquestração rigorosa de operações, mas acima de tudo uma adequação perfeita e automática entre o posicionamento e a localização de armas e materiais de guerra envolvidos num conflito cujo escopo mundial necessita de orientação, uma navegação inercial sem falhas, para evitar que seja provocada uma cadeia de catástrofes cujo impacto sobre a opinião pública seria politicamente insuportável" (VIRILIO, *L'écran désert* [Tela Deserta], citado em KURGAN, 1994, p. 23).

Não é difícil ver que a objetificação do espaço gerada pelo GPS está longe da resposta definitiva à questão da localização do sujeito, a questão sobre onde está o sujeito. Um problema é que o GPS só identifica onde alguém está em relação ao sistema de satélites e estações terrenas. Isso significa que, para o GPS ser capaz de fornecer uma orientação efetiva, ele precisa primeiro reidentificar o mundo "real" em termos de suas próprias coordenadas. Se assim é – e Kurgan argumenta convincentemente que o GPS substitui de fato a questão "Onde estou?" pela questão "Em que pixel estou posicionado?" (p. 42) – isso mostra que a resposta oferecida pelo GPS não é tanto à pergunta "Onde estou?" sobre a *terra* quanto à pergunta "Onde estou?" sobre o *mapa*. O GPS só oferece uma solução para a questão da localização em termos da posição de um ser dentro de um sistema, mas, para fazer essa operação, necessita traduzir o mundo "real" para o mundo do GPS, transformando com isso o mundo real numa realidade virtual. O GPS mostra assim o problema com a ideia do espaço objetivo ou absoluto e também mostra que não pode cumprir sua promessa de providenciar a resposta final para a pergunta "Onde estou?".

O espaço da arquitetura: espaço disjuntivo

Pressupõe-se frequentemente que a arquitetura fornece um caso paradigmático para a ideia do espaço. Na concepção tradicional de arquitetura, o espaço é o espaço *funcional*, sua função mais básica sendo a provisão do abrigo. Segundo Peter Eisenman, a relação entre função e forma tem sido uma característica definidora da arquitetura desde a Renascença até o século XX. Como resultado da industrialização, a função tornou-se cada vez mais importante que a forma, resultando, no século XX, na "fórmula exageradamente simplificada forma-segue-função" (EISENMAN, 1976). Segundo Eisenman, a arquitetura nunca deixou realmente o caminho funcionalista. Nunca se tornou "moderna" no sentido em que Eisenman define moderno, a saber, como um "afastamento do homem para longe do centro de seu mundo" (EISENMAN, 1976). Se a arquitetura nunca foi moderna, como afirma Eisenman, segue-se que tampouco pode se tornar pós-moderna. Pode, entretanto, tornar-se *pós-funcional*.

Um exemplo dessa concepção pós-funcional da arquitetura pode ser encontrado na obra do arquiteto/teórico arquitetônico Bernard Tschumi. Tschumi questiona a noção tradicional de arquitetura como uma arte de "marcar as coisas", de "fixar as coisas" (TSCHUMI, 1994a, p. 10). Ele questiona a noção de espaço arquitetônico como "um dado, uma coisa, que pode ser alternadamente aproveitado ou restaurado por meio de programas específicos" (p. 10). Ele questiona, em suma, a concepção funcionalista da arquitetura, que se baseia no modelo de eficiência, isto é, na "coincidência inconsútil entre o espaço e seu uso", quando "a construção, nossa velha máquina, deve 'funcionar', cumprindo seu projetado uso" (p. 12).

Em oposição à concepção de arquitetura como a formação do espaço funcional – em que a própria organização do espaço pela arquitetura é pensada para prescrever o seu uso, de modo que qualquer ação que ultrapasse essa prescrição só pode ser compreendida como mau uso ou distúrbio –, Tschumi advoga uma definição de arquitetura "como o confronto prazeroso e às vezes violento de espaços e atividades" (TSCHUMI, 1994b, p. 4). Ele advoga uma definição de arquitetura como "simultaneamente espaço e evento" (p. 22). Em vez de compreender a não coincidência entre espaço e seu uso como um malogro, Tschumi afirma que a força da arquitetura reside precisamente nesse "ponto de não coincidência, de disjunção, de malogro... entre as (supostas) relações de causa e efeito do... uso e do espaço" (TSCHUMI, 1994a, p. 11). A arquitetura e os eventos "transgridem constantemente as regras recíprocas", e é essa transgressão mútua – disjunção – que deve ser nosso foco para compreender a arquitetura. "Uma teoria da arquitetura", ele conclui, "é uma teoria da ordem ameaçada pelo próprio uso que permite. E vice-versa" (TSCHUMI, 1994b, p. 132).

Tschumi afirma, portanto, que a ideia de arquitetura como a formação do espaço funcional só conta metade da história. Sugere que devemos compreender a arquitetura como *simultaneamente* espaço e evento. Isso significa que a disjunção do espaço funcional, a não coincidência das relações de causa e efeito, é o elemento constitutivo da arquitetura, é o que torna a arquitetura realmente possível. Ele chega até a afirmar que "não há espaço sem evento" (p. 139; ver também Tschumi, 1981). O espaço, poderíamos dizer, só existe *por graça do acontecer dos eventos*. E os eventos são, por definição, aqueles acontecimentos que não podem ser nem previstos, nem controlados pelo programa arquitetônico, mas que "cruzam" com o programa e, ainda assim, são por ele possibilitados.

A concepção de espaço de Tschumi – a que passarei a me referir como *espaço disjuntivo* – nos proporciona uma compreensão do espaço que não é nem objetivista, nem fenomenológica. O último ponto é tão importante quanto o primeiro, pois, embora a compreensão de Tschumi do espaço arquitetônico vise dar um papel central à contribuição ativa do sujeito, ele não reduz sua concepção do espaço arquitetônico à *experiência* fenomenal, individual do espaço sentida pelo sujeito. O espaço arquitetônico deve ser encontrado – e também poderíamos dizer: só existe, só se torna presença – na disjunção de espaço e evento. Assim Tschumi não pressupõe a existência do espaço "puro" antes da entrada de um sujeito, nem pressupõe a existência de um sujeito "puro" antes de sua entrada no espaço. O espaço disjuntivo é um espaço de constante transgressão mútua, de uma ordem constante e necessariamente ameaçada pelo próprio uso que permite. E é no próprio *momento* de disjunção que o sujeito, aquele que faz uso *e* abusa do espaço, torna-se presença.

A articulação do espaço arquitetônico como espaço disjuntivo apresentada por Tschumi é um primeiro passo proveitoso para desenvolver uma resposta à questão de como o sujeito, na qualidade de ser singular, torna-se presença, na medida em que mostra que a localização ou o espaço em que o sujeito se torna presença não é simplesmente um ambiente ou contexto "fora" do sujeito, mas que esse espaço está ligado de um modo disjuntivo – e, como discutirei com mais detalhes no capítulo 4, desconstrutivo – ao tornar-se presença do sujeito, assim como o próprio sujeito está ligado de um modo igualmente complexo com o tornar-se presença do espaço. O que está faltando à proposta de Tschumi, entretanto, é uma consciência da dimensão social do espaço em que o sujeito se torna presença. Para isso, preciso acrescentar outra "camada" ao meu argumento investigando a ideia de espaço intersubjetivo.

O espaço do outro: espaço intersubjetivo

A noção de espaço intersubjetivo não tem a intenção de ser um retorno à própria posição que procuro superar, isto é, à *leitura humanística da intersubjetividade*. É antes um modo de enfatizar que o tornar-se presença do sujeito como um ser singular, como alguém *um*, só pode ocorrer no que se poderia chamar, de modo pouco preciso, uma situação social. O ponto que desejo acentuar nesta seção é que a questão sobre quem é este alguém não pode ser resolvida por meio de uma introspecção, mas precisa de um encontro com os outros. Um modo de compreender o que isso acarreta é utilizar a ideia de *ação* de Hannah Arendt – uma ideia a que voltarei em capítulos posteriores de forma mais detalhada.

Em seu livro *A condição humana* (ARENDT, 1977b), Arendt traça uma distinção entre três atividades humanas fundamentais: labor, trabalho e ação. Enquanto o *labor* é a atividade humana "que corresponde ao processo biológico do corpo humano", e *trabalho* é a atividade que corresponde à "inaturalidade da existência humana" na medida em que providencia um "mundo artificial de coisas, distintamente diferente de todos os ambientes naturais", a *ação* é "a única atividade que se desenrola diretamente entre os homens [*sic*] sem a mediação das coisas ou matéria" (p. 7).

Agir, em seu sentido mais geral, significa em primeiro lugar tomar iniciativa, isto é, começar. A ação está, portanto, intimamente ligada com a condição humana da *natalidade*. "O novo início inerente ao nascimento só pode se fazer sentir no mundo porque o novo ser possui a capacidade de começar algo novo, isto é, agir (p. 9)". Arendt argumenta que se os seres humanos fossem "repetições interminavelmente reprodutíveis do mesmo modelo, cuja natureza ou essência fosse a mesma para todos e tão previsível quanto a natureza ou essência de qualquer outra coisa", a ação seria um "luxo desnecessário" e uma "interferência caprichosa nas leis gerais do comportamento" (p. 8). Mas Arendt enfatiza que os seres humanos *não* são "repetições interminavelmente reprodutíveis do mesmo modelo". Como ela expressa: "somos todos a mesma coisa, isto é, humanos, de tal modo que ninguém jamais é a mesma coisa que qualquer outro que já tenha existido, exista ou venha a existir" (p. 8). E é por meio da ação que expomos nosso "caráter único distinto", que "revelamos ativamente [nossas] identidades pessoais únicas" (p. 179).

O ponto crucial sobre essa exposição é *não* ser a revelação de uma identidade preexistente. Arendt enfatiza que ninguém sabe a quem revela quando se mostra em palavras e atos. Isso só se torna claro – tanto para o outro como para o eu – na ação (p. 180). O crucial sobre a ação é, entretanto, que agimos sobre seres "que são capazes de suas próprias ações" (p. 190). Assim como nos esforçamos para introduzir inícios no mundo, outros também se esforçam para introduzir seus inícios no mundo. E só quando nossos inícios são adotados por outros – outros que são capazes de suas próprias ações – é que vimos ao mundo. Isso significa que o agente revelado no ato não deve ser compreendido como um "autor" ou um "produtor", mas como um *sujeito* no duplo sentido da palavra, a saber, como alguém que começou uma ação e como alguém que sofre com as suas consequências (p. 184). Mas esse "sofrimento" é um sofrimento necessário; é a condição para que nossos inícios possam vir ao mundo. Porque os seres humanos se revelam na ação e porque a ação atua sobre seres que são capazes de suas próprias ações, o domínio da ação é "ilimitado" e "inerentemente imprevisível" (p. 190-191). É por isso que a ação, a revelação do agente numa esfera que só existe entre os seres humanos, sempre acarreta um risco.

A ideia de ação de Arendt mostra claramente que a questão do "quem" do sujeito só pode ser respondida focalizando-se as maneiras pelas quais os indivíduos introduzem seus inícios no mundo, isto é, as maneiras pelas quais os indivíduos se tornam presença. A isso ela acrescenta que só podemos nos tornar presença naquelas situações em que agimos sobre seres que são capazes de suas próprias ações. Tornar-se presença – e esta é uma etapa crucial no meu argumento – implica assim vir a um mundo povoado por outros iniciadores, um mundo de pluralidade e diferença. Agir é, portanto, mais do que simplesmente vir ao mundo e impor seus inícios aos outros (o que, no vocabulário de Arendt, seria um exemplo de trabalho, não de ação). O cerne de sua ideia de ação é que só podemos agir se *ao mesmo tempo* outros também podem agir, isto é, se outros são igualmente capazes de introduzir seus inícios no mundo. Essa é a razão por que ela enfatiza que "a pluralidade é a condição da ação humana" (p. 8). A noção de ação proposta por Arendt revela assim um reconhecimento da complexidade do tornar-se presença do sujeito, que é semelhante à compreensão do espaço arquitetônico como espaço disjuntivo apresentada por Tschumi. Tornar-se presença não é simplesmente um processo de se apresentar ao mundo. Consiste em começar num mundo cheio de outros iniciadores, de tal maneira que não sejam obstruídas as oportunidades para que outros iniciem. Tornar-se presença é, portanto, uma apresentação a outros que não são como nós. Nas palavras de Nancy, é uma apresentação a uma comunidade "sem a essência de uma comunidade" (NANCY, 1991, p. 8), uma comunidade, como discutirei com mais detalhes no próximo capítulo, daqueles que não têm nada em comum. Mas o que é exatamente que nos torna únicos em nosso tornar-se presença? Como vimos ao mundo como um ser único, singular? Para encontrar uma resposta para essa pergunta, volto-me agora para a obra de Emmanuel Levinas.

O espaço da responsabilidade: espaço ético

Levinas articula uma compreensão que chega bem perto da ideia central da noção de espaço intersubjetivo, a saber, que nosso estar-no-mundo primordial é um estar-no-mundo-com-outros. Levinas toma como seu ponto de partida uma crítica ao gesto comum da filosofia ocidental em que se considera que o *ego cogito* ou consciência vem em primeiro lugar, e em que se concebe a relação primária do *ego* com o mundo e com os outros seres como uma relação-de-conhecimento. Levinas, entretanto, deseja questionar a "sabedoria da tradição ocidental" que pressupõe que "os indivíduos humanos [...] são humanos por meio da consciência" (LEVINAS, 1998b, p. 190). Ele deseja questionar a ideia "de que o sujeito e a consciência são conceitos equivalentes" (LEVINAS, 1989a, p. 92). Para esse fim, argumenta que o sujeito está envolvido numa relação que é "mais antiga que o ego, anterior a princípios" (p. 107). Essa relação não é nem uma relação de conhecimento – pois ainda não há nenhum ego ou consciência que possa conhecer – nem um ato. Levinas a caracteriza como uma relação *ética*, uma relação de infinita responsabilidade pelo outro (LEVINAS, 1989b).

Ele acentua que essa responsabilidade pelo outro não é uma responsabilidade que podemos optar por assumir ou desconsiderar, pois isso só seria possível se fôssemos um ego ou consciência *antes* de sermos inscritos nessa relação. Nesse sentido, é *"uma responsabilidade que não é justificada por nenhum compromisso anterior"* (LEVINAS, 1989a, p. 92; grifos do autor). Levinas descreve essa responsabilidade como "uma obrigação, anacronicamente anterior a qualquer compromisso", e como uma "anterioridade" que é "mais antiga que o *a priori*" (p. 90), "mais antiga que o tempo da consciência acessível na memória" (p. 96). Ele também se refere a essa relação de responsabilidade como "an-árquica" (p. 92). Com isso ele deseja enfatizar que é uma relação com um outro singular *sem* "a mediação de qualquer princípio" (p. 92). Ele a chama de "paixão", e argumenta que essa paixão é absoluta na medida em que se estabelece "sem nenhum *a priori*" (p. 92). Ele explica: "A consciência é afetada, portanto, antes de formar uma imagem do que está vindo para ela, afetada a despeito de si mesma" (p. 92). Levinas chama essa relação de *obsessão*, e resume seu ponto de vista com a expressão simples – embora perturbadora – de que "um sujeito é um refém", obcecado com responsabilidades "que não surgem em decisões tomadas por um sujeito" (p. 101).

Embora Levinas esteja de acordo, portanto, com a afirmação de Arendt de que nosso ser primordial é um ser-com-outros – somos com outros antes de sermos com nós mesmos; somos para o outro antes de sermos um eu –, ele introduz um refinamento ou, melhor, uma radicalização ao acentuar que esse ser-com-outros é um ser-com-outros *ético*, um ser-com-outros que é caracterizado por uma responsabilidade primordial. A esse respeito poderíamos dizer que o espaço onde o sujeito se torna presença é um espaço ético. Não se pode enfatizar o suficiente, entretanto, que Levinas não está falando sobre a ética no sentido tradicional, isto é, comportamento ético baseado numa decisão do ego. "O ego não é apenas um ser dotado de certas qualidades chamadas morais que ele portaria como uma substância porta atributos, ou que assumiria como contingências no seu vir a ser" (LEVINAS, 1989a, p. 106).

Não se trata de que pudéssemos optar por nos interessar pelo outro ou não, pois essa questão só tem significado "se já existe o pressuposto de que o ego só se interessa por si mesmo" (p. 107). É precisamente esse pressuposto que Levinas nega. O sujeito *não* é algo manifestado pela sua própria iniciativa (p. 95). Não é "um ponto abstrato" ou "o centro de uma rotação". É antes "um ponto já identificado a partir de fora" (p. 96). É "uma designação para responder sem evasivas, que designa o eu para ser um eu" (p. 96).

Somos "chamados" para ser um eu, assim poderíamos dizer, pelo outro. O que nos torna únicos nisso é que o chamado não é um chamado para um ser humano em geral; sou *eu* que sou chamado pelo outro. Como explica Levinas, o eu mesmo é o "não-ser-capaz-de-escapar-de-uma-designação", uma designação que não visa a nenhuma generalidade, pois sou "eu e ninguém mais" que é refém (LEVINAS, 1989a, p. 116). É "um privilégio ou uma eleição injustificável que me escolhe, e não o ego" (p. 116). O eu mesmo, portanto, "não coincide com identificar a verdade, não é afirmável em termos de consciência, discurso e intencionalidade" (p. 96). O eu mesmo é uma singularidade "anterior à distinção entre o particular e o universal" e, portanto, "indizível e injustificável" (p. 97). Nesse sentido, conclui Levinas, o eu mesmo *não* é um ser, porque como um ser seria uma coisa (p. 117). O eu mesmo está "além da atividade normal da ação e paixão em que a identidade de um ser é mantida, em que ele *é*" (p. 104). Assim, embora Levinas não deixe de concordar que o sujeito se torna presença num espaço intersubjetivo, ele leva essa ideia um passo além argumentando que o sujeito, como um "ser" único e singular, como um "eu mesmo", torna-se presença porque se descobre numa situação em que não pode ser substituído por ninguém mais. Como explica Adrian Peperzak: "Sou um refém para o outro e ninguém pode me substituir nesse serviço", e é precisamente essa situação "que me constitui como este indivíduo único" (PEPERZAK, 1991, p. 62). Minha subjetividade é uma sujeição ao outro, o que significa, na formulação mais sucinta, "O sujeito está sujeito" (CRITCHLEY, 1999, p. 63).

Conclusão

Neste capítulo, investiguei como poderíamos abordar a questão do sujeito depois da assim chamada "morte do sujeito". Conforme mostrei, o que está em jogo em afirmações sobre a morte do sujeito e o fim do homem *não* é a extinção do sujeito humano como tal. O que está em jogo é uma crítica do humanismo, uma crítica da ideia de que é possível definir a essência do que é ser humano. Com Foucault sugeri que, para superar o humanismo, não devemos procurar uma nova verdade sobre o sujeito humano, mas antes pensar numa nova abordagem da questão da subjetividade. Sugeri que, em vez de procurar a substância ou essência do ser humano, devemos perguntar *onde* o ser humano como um indivíduo único se torna *presença*.

Minha discussão do espaço objetivo mostrou que ninguém – nenh-*um* – torna-se presença, quando o espaço de tornar-se presença só pode relegar o sujeito a certa posição fixa, a um ponto no mapa. Como sugere a ideia do espaço disjuntivo, o tornar-se-presença de seres únicos, singulares não é algo que pode ser controlado pelo espaço, mas é necessariamente algo que "interrompe" o programa. Essa interrupção não deve ser vista como uma perturbação, como algo que ameaça a pureza do espaço, mas deve ser tomada como um sinal de um tornar-se presença.

A discussão do espaço intersubjetivo mostra que tornar-se presença não é algo que se pode fazer sozinho. Alguém pode introduzir seu início no mundo, mas ele precisa de um mundo – um mundo composto de outros "iniciadores" – para vir a esse mundo. São necessários outros que assumam os inícios de alguém, sempre de modos novos e imprevisíveis, para que esse alguém venha ao mundo. Isso significa que o espaço social, o espaço da intersubjetividade, não é um espelho em que podemos finalmente ver e encontrar nosso verdadeiro eu. O espaço da intersubjetividade, poderíamos dizer, é um espaço "perturbador", mas essa é uma perturbação necessária, uma perturbação que unicamente torna possível nosso tornar-se presença.

A discussão do espaço ético sugere que muito antes de sermos um fazedor, um conhecedor, um ego que pode *assumir* responsabilidades, já somos identificados, já estamos posicionados a partir do exterior por uma responsabilidade que é mais antiga que o ego. O que nos torna únicos nessa designação, o que nos singulariza, o que nos "torna" um ser único, singular, não é nossa identidade, não é um conjunto de atributos que só pertencem a mim, mas é o fato de que *eu* sou responsável e de que *eu* não posso escapulir dessa designação. De forma bastante interessante, a discussão sobre o espaço ético sugere que a primeira questão sobre o sujeito não é a pergunta "Onde estou?", mas a pergunta "Onde está você?". A última é a pergunta que nos singulariza, e essa é a pergunta que, num sentido muito fundamental, pode ser compreendida como uma questão educacional. É a pergunta que nos chama para ser presença; ou, para ser mais preciso, é a pergunta que me chama *a mim*, como ser singular, como alguém *um*, para vir ao mundo. Esse mundo, como enfatizei durante todo o capítulo, é por necessidade um mundo de pluralidade e diferença; é um mundo de outridade. Volto-me agora para a questão de como poderíamos compreender esse mundo.

CAPÍTULO 3

A comunidade daqueles que não têm nada em comum: educação e a linguagem da responsabilidade

O que é ou o que constitui uma comunidade? Em seu livro *The community of those who have nothing in common*, Alphonso Lingis observa que "comunidade" é em geral concebida como um grupo constituído por vários indivíduos que têm algo em comum – uma linguagem comum, uma estrutura conceitual comum – e que constroem algo em comum: uma nação, uma pólis, uma instituição (LINGIS, 1994, p. ix). Um caso especial desse tipo de comunidade é o que Lingis chama a *comunidade racional*. A comunidade racional não é simplesmente constituída por uma provisão comum de observações, crenças em conjunto e máximas para ação, mas produz e é produzida por um discurso comum num sentido muito mais forte (p. 109). Na comunidade racional,

> as intuições dos indivíduos são formuladas em categorias universais, de modo a serem destacadas do índice aqui-agora daquele que primeiro as formulou. [...] O discurso comum é... um sistema racional em que, idealmente, tudo que é dito implica as leis e teorias do discurso racional (p. 110).

Ser membro da comunidade racional torna as pessoas capazes de falar como "agentes racionais", isto é, como representantes "do discurso comum" (p. 110). Quando falamos como um representante da comunidade racional, estamos envolvidos no que Lingis chama "fala séria" (p. 112). "A seriedade é o peso do imperativo racional que determina o que deve ser dito" (p. 112). O que importa na fala séria, portanto, é *o que* é dito. Esperamos de médicos, veterinários ou eletricistas que falem de acordo com as regras e princípios do discurso racional da comunidade da qual são um representante.

Isso implica, entretanto, que o modo como as coisas são ditas – "a vocalização do que tem de ser dito nesta voz particular, por este falante particular" (p. 112) – *não é essencial*. "O próprio dito não é essencial, porque o que tem de ser dito existe na literatura encontrada nas bibliotecas públicas, ou, se não existir, já está implicado nas categorias, teorias e métodos vigentes do discurso racional" (p. 112). Na comunidade racional somos, portanto, *intercambiáveis*. Não importa realmente quem diz alguma coisa, desde que o que é dito "faça sentido". Assim a comunidade racional propicia aos indivíduos um modo de entrarem em comunicação, mas é um modo muito específico. É o modo "pelo qual alguém despersonaliza suas visões e intuições, formula-as em termos do discurso racional comum e fala como um representante – um porta-voz, equivalente a outros e intercambiável com outros – do que tem de ser dito" (p. 116).

Não será demasiado difícil reconhecer o papel da educação – o papel das escolas e outras instituições educacionais – na constituição e reprodução de comunidades racionais. Muitas pessoas poderiam muito bem argumentar que essa é a principal e talvez até a única tarefa das escolas, bem como a única razão para haver escolas, em primeiro lugar. Quando consideramos a educação a partir dessa perspectiva, podemos ver que as escolas não propiciam simplesmente uma voz aos estudantes, elas não os ensinam simplesmente a falar. As escolas propiciam aos estudantes uma voz muito específica, a saber, a voz das comunidades racionais representada por meio do currículo. Ao dar aos estudantes essa voz, as escolas não só legitimam certos modos de falar. Ao mesmo tempo, elas deslegitimam outros modos de falar. (Isso, como os sociólogos da educação nos mostraram, explica por que alguns estudantes têm de desaprender muito mais do que outros para ter sucesso no sistema educacional.)

A sociedade moderna: a comunidade moderna

Lingis descreve a comunidade racional basicamente em termos epistemológicos. Para ele, a comunidade racional é principalmente uma extensão do que é o conhecimento racional, ou do que certos grupos consideram que seja o conhecimento racional (ver, por exemplo, BLOOR, 1976; BARNES, 1977; APPLE, 1979). Se considerarmos a ideia da comunidade racional a partir de uma perspectiva mais sociológica, poderíamos argumentar que essa comunidade possui um grande número, se não a totalidade, das características do que Zygmunt Bauman julga ser típico da sociedade moderna (termo que emprego no singular, porque em última análise só pode haver uma única sociedade racional; ver a seguir).

Bauman descreve a sociedade moderna como um estado de *ordem*. Ele argumenta que o "projeto" moderno se destinava a indivíduos livres da "identidade herdada" para lhes dar "o benefício de um início absoluto, livrá-los da escolha do tipo de vida que desejam levar, e monitorar e gerir sua vida na estrutura de regras legais formuladas pelos únicos poderes legítimos" (BAUMAN, 1995, p. 203). O Estado moderno queria livrar os indivíduos de seus posicionamentos pré-modernos. O único modo de levar isso a cabo era elevar os indivíduos a um plano que estivesse ele próprio *além de toda a tradição*. Isso não só significava que o Estado precisava engajar-se num "sistemático desacreditar, desautorizar e erradicar dos poderes intermediários de comunidades e tradições" (p. 203). Significava também que o Estado tinha de ser guiado por uma única visão singular e pós-tradicional para estabelecer a ordem pós-tradicional.

Além disso, talvez não seja demasiado difícil reconhecer o papel da educação moderna nesse empenho, porque a educação moderna tem sido compreendida precisamente como a tentativa de levar as crianças e os estudantes "além do presente e do particular" (BAILEY, 1984) de sua identidade enraizada, introduzindo-os na esfera ordenada e racional da sociedade moderna. Na verdade, o ideal da educação moderna, como mostrei nos capítulos anteriores, é "liberar" as crianças e os estudantes de sua situação local, histórica e cultural, e colocá-los em contato com um ponto de vista geral e racional (ver BIESTA, 2002b).

O que é importante sobre a descrição da sociedade moderna proposta por Bauman não é apenas o fato de ele nos dar um relato mais empírico da possível aparência de uma comunidade racional e sugerir que a sociedade moderna pode ser compreendida em última análise como uma (a) comunidade racional. Ele é também capaz de mostrar como essa comunidade, a comunidade racional da sociedade moderna, trouxe consigo uma abordagem muito específica do que está fora ou é diferente dela mesma, isto é, o *estranho*. Os estranhos, segundo Bauman, são aqueles "que não se encaixam no mapa cognitivo, moral ou estético do mundo" (BAUMAN, 1995, p. 200). Bauman argumenta que todas as comunidades produzem seus próprios estranhos. Ele enfatiza, entretanto, que, como a sociedade moderna se baseava numa única visão pós-tradicional, ela não poderia dar lugar aos estranhos que produzia (e talvez devêssemos repetir a frase no tempo verbal do presente). A "universalização progressiva da condição humana" (p. 202), que Bauman vê como *a* característica definidora da sociedade moderna e da modernidade em geral, lidava assim com os estranhos que produzia de duas maneiras diferentes, ainda que relacionadas. A primeira estratégia era a de assimilação, uma estratégia que Bauman caracteriza como *antropofágica* (que significa literalmente devoradora de homens): "aniquilando os estranhos, *devorando*-os e depois os transformando metabolicamente num tecido indistinguível do seu próprio" (p. 201). A outra estratégia era *antropoemética*: "*vomitar* os estranhos, banindo-os dos limites do mundo ordenado e excluindo-os de toda comunicação com os que estão dentro" (p. 201). Essa é a estratégia da *exclusão,* uma estratégia que acabou resultando na destruição física dos estranhos (e talvez também devêssemos repetir a frase no tempo verbal do presente). A única opção a não ser considerada foi a ideia de uma *coexistência permanente* com o estranho. "A pragmática de viver com estranhos", conclui Bauman, "não precisa absolutamente ser encarada como um projeto sério" (p. 202).

Quero enfatizar que as considerações precedentes – e as que seguem – não se destinam a sugerir que toda outridade ou estranheza é simplesmente boa, tendo de ser valorizada e respeitada por ser outra e estranha. Há questões reais muito difíceis a serem formuladas sobre, por exemplo, os limites da tolerância – sendo uma das questões determinar quem tem de tolerar a quem? A lição mais importante a ser aprendida com a discussão precedente diz respeito a como Bauman nos ajuda a compreender que o estranho é produzido em consequência de uma construção específica do que é próprio, apropriado, familiar, racional. Não é sugerir que tudo o que constitui os outros é categoricamente bom. É, antes de mais nada, ver que o que conta como estranho depende do que conta como familiar. O estranho, em outras palavras, não é jamais uma categoria natural.

O estranho pós-moderno

Se combinamos a articulação da comunidade racional proposta por Lingis com a descrição da sociedade moderna formulada por Bauman, podemos ver que do ponto de vista dessa comunidade – isto é, para os que estão *dentro* da comunidade – aqueles com quem não temos nada em comum, os estranhos, aparecem como um problema, como algo que precisa ser superado, quer tornando o estranho semelhante a nós, quer tornando o estranho, ou a estranheza do estranho, invisível. Não se deve esquecer, entretanto, que só chegamos à conclusão de que os estranhos são um problema se supomos que a comunidade racional é a única viável, a única comunidade possível, isto é, em termos mais normativos, "o melhor de todos os mundos possíveis". Algumas pessoas poderiam argumentar que esse é realmente o caso, e a razão que poderiam apresentar para sua afirmação – uma razão "educacional" – é que as pessoas só adquirem voz, a capacidade de falar, tornando-se membros da comunidade racional. Embora os defensores da comunidade racional possam abominar a ideia de que a comunidade racional só pode existir destruindo o estranho, eles poderiam muito bem estar a favor de uma versão forte de assimilação. (Talvez sejam incapazes de ver que também isso sempre implica aniquilação. Talvez queiram argumentar que esse é o preço a ser pago pela "universalização progressiva" da humanidade e da condição humana.)

A resposta de Bauman à linha de pensamento precedente é em parte empírica, na medida em que ele argumenta que nossa sociedade "pós-moderna" tem mudado tanto que já não é simplesmente viável pressupor que o estranho possa ser mantido no lado de fora. O estranho pós-moderno, ele escreve, está "aqui para ficar" (BAUMAN, 1995, p. 213). Num tom um tanto otimista, Bauman até argumenta que a sociedade pós-moderna se tornou *heterofílica* (p. 213), visto que nossos "tempos pós-modernos estão marcados por um consenso quase universal de que a diferença não é apenas inevitável, mas boa, preciosa, precisando de proteção e cultivo" (p. 214). Apressa-se a acrescentar, entretanto, que isso não deve levar a um restabelecimento da pluralidade pré-moderna das "tribos", porque nesse caso o essencialismo do projeto moderno, a ideia moderna de que há, em última análise, apenas um único modo correto de agir e pensar, seria apenas substituído por outra forma de essencialismo "no qual o re-empoderamento se transforma num novo des-empoderamento, e a emancipação, numa nova opressão" (p. 215).

Bauman vê uma "chance genuína de emancipação" na pós-modernidade, "a chance de depor as armas, suspender as escaramuças na fronteira travadas para manter o estranho bem longe, desmontar os minimuros de Berlim erigidos diariamente para manter distância e separar" (p. 216). Mas essa chance *não* reside "na celebração da etnia renascida e na tradição tribal genuína ou inventada" (p. 216). Não reside num retorno a formas de "comunidade forte" como a comunidade racional, mas antes "em conduzir à sua conclusão o trabalho 'desestabilizador' da modernidade, desnudando o intricado processo da autoformação do sujeito, revelando as condições da liberdade individual que... constituem o núcleo duro da cidadania" (p. 216).

O que Bauman está propondo aqui é que a chance genuína de emancipação oferecida pelo pós-modernismo não deve ser encontrada num "novo tribalismo" em que simplesmente afirmamos nossa própria identidade tribal. Em vez disso, precisa estar conectada com a questão sobre o que significa ser um sujeito, que para Bauman tem a ver com liberdade e cidadania. O último elo – que Bauman investigou muito mais detalhadamente em seu *Postmodern Ethics* (BAUMAN, 1993; ver BIESTA, 2003a) – sugere que a subjetividade, sendo um sujeito, não é algo que tenha a ver com a tribo a que pertencemos (não é, em outras palavras, sobre a nossa identidade), mas tem a ver com agir num espaço público, o espaço onde estamos com os outros – ou, nos termos de Bauman, com *estranhos*. Ele escreve: "A chance do companheirismo humano depende dos direitos do estranho, e não da resposta à questão sobre quem tem o direito de decidir – o estado ou a tribo – quem são os estranhos" (BAUMAN, 1995, p. 216).

Para Bauman, as possibilidades de emancipação oferecidas pela pós-modernidade devem ser encontradas em nossa "condição de membros" de uma comunidade diferente, uma comunidade em que somos todos, em certo sentido, estranhos uns para os outros. Essa é a comunidade a que Lingis se refere como a comunidade daqueles que não têm nada em comum.

A comunidade daqueles que não têm nada em comum

A abordagem de Bauman provoca várias questões. Num nível geral, há a questão sobre como devemos compreender essa "comunidade sem comunidade" (DERRIDA, 1977). Num nível mais específico, há a questão da voz: que tipo de voz, que tipo de discurso e que tipo de fala são possíveis fora dos confins da comunidade racional? E há a questão sobre o que a educação pode fazer ou tem de fazer nessa constelação. Para encontrar uma resposta às duas primeiras questões precisamos voltar a Lingis.

Vimos que a comunidade racional é constituída por uma linguagem comum e por uma lógica comum. Ela nos dá uma voz, mas apenas uma voz representativa. A comunidade racional nos capacita a falar, mas apenas na linguagem e na lógica dessa comunidade. Embora importe certamente *o que* dizemos, não importa *quem* o está dizendo, porque na comunidade racional somos intercambiáveis. Mas o que significa, então, falar "fora" da comunidade racional? Que voz podemos usar se queremos falar com o estranho, com aquele com quem não partilhamos uma língua comum?

Lingis examina dois casos-limite de comunicação para encontrar uma resposta a essa questão. Um dos casos diz respeito à situação em que estamos com alguém que está morrendo. O que se pode dizer numa tal situação? Qualquer coisa que se tente dizer soa, em certo sentido, vazia e absurda. Mas o importante numa tal situação, argumenta Lingis, não é *o que* se diz. Isso quase não importa – embora saibamos todos muito bem que não queremos dizer algo errado. O que importa muito, o que unicamente importa, é *que* se diga alguma coisa. O problema aqui não é simplesmente que não se tenha a capacidade de falar, ou que não se atine com a coisa correta a dizer, porque não se tem experiência nesse tipo de situação. O problema é "que a própria linguagem não tem os poderes" (LINGIS, 1994, p. 108).

Há duas maneiras em que essa situação difere do modo como a comunidade racional nos capacita a falar e nos dá uma voz. A primeira diferença é que nessa situação já quase não importa *o que* se diz, mas é de crucial importância *que* se diga alguma coisa, que se fale. Isso ainda implica que a voz com que você fala para alguém com quem não tem nada em comum não é uma voz emprestada ou representativa, mas tem de ser sua *própria* voz – e de ninguém mais.

O outro caso-limite discutido por Lingis é aquele em que não estamos no fim da linguagem, mas no seu início: a situação em que pais e filhos se comunicam sem serem capazes de contar com a linguagem, a lógica e a voz da comunidade racional, simplesmente porque a primeira comunicação surge *antes* dessa comunidade. Essa é também uma situação em que o pai/mãe não pode falar para o filho com a voz emprestada representativa da comunidade racional. O que se requer nessa situação é que o pai/mãe responda e assuma responsabilidade pela criança de um modo único, sem precedentes e sempre novo. Lingis descreve esse encontro da seguinte maneira:

> É o último dia quente do outono; a mãe tem de ir ao parque com seu filho. Ela esquece todas as cartas que tem de escrever e a conferência que tem de preparar para este fim de semana; esquece todos os seus amigos. Está totalmente absorta na sua tarefa. Está sentada perto do pequeno lago, e um arco-íris brilha através do chafariz ao sol de fim de outono. Ela está apontando para o arco-íris no lago. Seus olhos estão bem abertos e brilhantes, o júbilo estremecendo as linhas de persuasão de sua boca. Ela tem de orientar os olhos do filho para a cena. Hoje. Os olhos dele são jovens demais para serem capazes de ver o arco-íris no céu. No próximo ano será tarde demais; ele estará no jardim da infância, com olhos já cansados de arco-íris eletrônicos nas telas de televisão; terá de ver livros com figuras associadas às letras do alfabeto. Ela tem de fixar o foco dos olhos do filho e ensiná-los a ver. Ela tem de lhe ensinar a palavra: arco-íris. O arco-íris no chafariz. Ele tem de aprender a palavra e a maravilha. Ela está totalmente concentrada na dificuldade e urgência da tarefa. Observa com ansiedade e júbilo quando a maravilha preenche os olhos do filho, esses olhos unindo-se ao riso, até ela ver neles o arco-íris (LINGIS, 1994, p. 116-117).

Quem está falando, portanto, nessas situações-limite em que não podemos recorrer à voz representativa da comunidade racional? Lingis escreve: "O que é que fala nessas situações terminais e inaugurais? Não é o ego como mente racional, como um representante da razão universal que possui as categorias *a priori* e as formas *a priori* da organização racional das impressões sensoriais. O que fala é alguém na sua materialidade como um terráqueo" (p. 117).

Isso implica que, ao falar com a voz da comunidade racional, não sou realmente *eu* quem está falando. A minha voz é simplesmente a voz intercambiável da comunidade racional. Mas quando falo ao estranho, quando me revelo ao estranho, quando quero falar na comunidade daqueles que não têm nada em comum, então tenho de encontrar minha própria voz, então sou *eu* quem tem de falar – e ninguém mais pode fazer isso por mim. Para dizer em outras palavras, é essa própria maneira de falar que me constitui como um indivíduo único – como *eu*, e ninguém mais.

A linguagem da responsabilidade

Embora possamos compreender agora quem é que tem de falar no encontro com o estranho, precisamos dizer um pouco mais sobre a linguagem que podemos usar nesse encontro. O que é que podemos dizer quando falamos por nós mesmos, fora dos confins da comunidade racional? Que linguagem podemos usar? Quero sugerir que a linguagem que usamos nesses encontros não deve ser compreendida como linguagem no sentido de um conjunto de palavras e elocuções. O que importa não é o conteúdo do que dizemos, mas o que é *feito*. E o que é feito, o que precisa ser feito, e o que só eu posso fazer, é *responder* ao estranho, ser *responsivo* e *responsável* em relação ao que o estranho exige de mim. Para citar Lingis mais uma vez:

> O outro se volta para mim e fala; ele ou ela exige alguma coisa de mim. Suas palavras, que compreendo porque são as palavras de minha própria língua, pedem informações e indicações. Pedem uma resposta que será responsável, dará razões para suas razões e será um compromisso de responder pelo que responde. Mas elas primeiro me saúdam com um apelo por responsividade (LINGIS, 1994, p. 130-131).

A "linguagem" com a qual podemos falar com o estranho, a "linguagem" que nos dá nossa própria voz singular e única é, em outras palavras, a linguagem da responsividade e responsabilidade. Não importa que palavras utilizemos – porque não há, em certo sentido, palavras. Importa apenas que respondamos, que assumamos responsabilidade, que assumamos *nossa* responsabilidade.

Isso significa, entretanto, que a comunidade daqueles que não têm nada em comum, a comunidade dos estranhos, a comunidade sem comunidade, é de natureza ética. A comunidade daqueles que não têm nada em comum é constituída por nossa resposta ao estranho, aquele que pede, procura – demanda, como diria Levinas – *minha* resposta, que busca escutar *minha* voz única.

A única maneira em que podemos falar com nossa própria voz é quando abandonamos nossa outra voz. Isso significa que a "outra comunidade" é uma "comunidade que demanda que aquele que tem sua própria identidade comunal, aquele que produz sua própria natureza, se exponha [sic] àquele com quem não tem nada em comum, o estranho" (p. 10). Lingis enfatiza que expor-se ao estranho, expor-se a "um imperativo" (p. 11), não é algo que alguém faz com sua inteligência racional. Não é, em outras palavras, que nossa resposta seja baseada no conhecimento do outro. Não é que primeiro tenhamos de conhecer aquilo pelo qual seremos responsáveis, e só então possamos decidir se assumimos ou não essa responsabilidade. A linguagem da responsabilidade, em outras palavras, não consiste em cálculo. Num sentido muito fundamental, ela não tem base e, num sentido igualmente fundamental, ela é ilimitada. Derrida explica esse *insight* da seguinte maneira:

> Quando a trilha é clara e dada, quando um certo conhecimento abre o caminho de antemão, a decisão já está tomada, poder-se-ia dizer que não há nenhuma decisão a tomar; irresponsavelmente, e em sã consciência, aplica-se ou implementa-se simplesmente um programa. [...] Ele transforma a ação na consequência aplicada, na simples aplicação de um conhecimento ou *know-how*. Transforma a ética e a política numa tecnologia. Já não pertence à ordem da razão ou decisão prática, começa a ser irresponsável (DERRIDA, 1992a, p. 41; p. 45).

A comunidade racional e a "outra" comunidade

Um ponto final a apresentar nesta investigação da ideia de "comunidade" é que a comunidade racional e a "outra" comunidade não devem ser compreendidas como duas comunidades separadas, tampouco como duas opções entre as quais podemos escolher. Não há como negar a importância da comunidade racional – ou comunidade*s* raciona*is* – uma vez que elas tornam possíveis certos modos de falar e agir. Não devemos esquecer, é claro, que, toda vez que uma comunidade racional é constituída, ela traça uma fronteira, cria ao mesmo tempo um dentro e um fora. Lingis escreve: "A comunidade que produz alguma coisa em comum, que estabelece a verdade e que agora estabelece um universo tecnológico de simulacros, exclui os selvagens, os místicos, os psicóticos – exclui suas elocuções e seus corpos" (LINGIS, 1994, p. 13).

Lingis conclui, portanto, que a outra comunidade se forma, torna-se presença, na *interrupção* do trabalho e dos empreendimentos da comunidade racional. A outra comunidade "torna a surgir, [...] perturba a comunidade racional, como seu duplo ou sua sombra" (p. 10). Vive "dentro" da comunidade racional como uma constante possibilidade e torna-se presença assim que alguém responde ao outro, à outridade do outro, ao que é estranho em relação ao discurso e à lógica da comunidade racional. Passa a existir quando alguém fala com sua própria voz, com a voz que é única, singular e sem precedentes. A voz que jamais foi escutada antes.

A comunidade da educação

A precedente investigação da ideia de "comunidade" revela que há (pelo menos) duas maneiras diferentes de compreender o que poderia significar estar, viver com outros. As duas formas de comunidade propiciam uma "entrada para a comunicação" (p. 116), mas é precisamente no modo como as duas comunidades nos capacitam a falar que existe uma diferença crucial. Não há apenas uma diferença no sentido de que na comunidade racional importa *o que* é dito, enquanto na outra comunidade importa *quem* está falando. Acontece também que na comunidade racional nossa voz é uma voz *representativa*, enquanto só na outra comunidade é que falamos na *nossa própria* maneira, única e sem precedentes. Isso por sua vez significa que é somente no e pelo nosso compromisso com a outra comunidade, isto é, na e pela maneira como nos expomos ao que é estranho e outro, que vimos ao mundo como seres únicos e singulares – e não como casos de alguma "forma" mais geral do que é ser humano.

Já mencionei de passagem uma conexão entre a comunidade racional e a educação, argumentando que a função mais visível das escolas parece residir em seu papel de iniciar as crianças e os estudantes na/numa comunidade racional. As duas formas de comunidade que distingui neste capítulo também podem ser conectadas às duas abordagens de aprendizagem que introduzi no capítulo 1. Argumentei ali que a concepção de aprendizagem mais comum – e presumivelmente a mais influente – compreende a aprendizagem em termos de *aquisição*: a aquisição de algo externo, como o conhecimento, os valores ou as habilidades, algo que existia antes do ato de aprender e que se torna posse do aprendente como resultado de sua aprendizagem. Embora haja muitas teorias diferentes sobre esse tipo de aprendizagem, que vão desde relatos de aprendizagem em termos de mudanças no cérebro a relatos de aprendizagem como um empenho inteiramente social, todas essas teorias se baseiam na ideia da aprendizagem como aquisição. A ideia da aprendizagem como aquisição encaixa-se muito bem na comunidade racional. É realmente possível argumentar que a única maneira de os indivíduos se tornarem membros da comunidade racional é por meio da aquisição das formas de conhecimento, lógica e valores que formam a uma comunidade racional. E pode-se ainda argumentar que os sistemas educacionais em muitos países se baseiam precisamente nessa ideia.

Há, entretanto, outra maneira de compreender a aprendizagem, aquela que não considera a aprendizagem como a aquisição de algo que já existe, mas o vê como uma reação, como uma resposta a uma "pergunta". Se consideramos a aprendizagem dessa maneira, podemos dizer que alguém aprendeu alguma coisa *não* quando for capaz de copiar e reproduzir o que já existia, mas quando alguém responde ao que não é familiar, ao que é diferente, ao que desafia, irrita ou até perturba. Então a aprendizagem se torna uma criação ou uma invenção, um processo de introduzir algo novo no mundo: a resposta única de alguém.

Sou inclinado a acreditar que essa última concepção de aprendizagem é educacionalmente a forma mais significativa e importante, porque tem a ver com as maneiras pelas quais nos tornamos presença como seres únicos, singulares. Como educadores, não devemos negar, nem esquecer que vivemos num mundo de comunidades racionais, que essas comunidades são importantes para fins específicos, e que a principal razão para termos escolas, ao menos de um ponto de vista histórico, consiste em reproduzir o mundo de comunidades racionais. Mas também não devemos esquecer que não é só isso o que importa na vida – e que talvez seja até o caso de considerarmos que, em última análise, o que importa não é a reprodução de comunidades racionais, mas a possibilidade de a outra comunidade vir a existir e ter uma existência duradoura. Se a outra comunidade já não fosse possível, poderíamos dizer que o mundo chegou ao fim, porque, se o mundo fosse apenas uma comunidade racional, já não importaria quem vivesse ou não nesse mundo. Seríamos todos, afinal, intercambiáveis.

É isso o que torna a outra comunidade, a comunidade daqueles que não têm nada em comum, tão importante para a educação – e uma das perguntas que precisa ser feita é determinar quanto da outra comunidade é realmente possível em nossas escolas. O problema com a outra comunidade, entretanto, é que ela não pode ser criada de nenhum modo deliberado ou técnico. A outra comunidade *não* é o resultado de trabalho, ela não passa a existir por meio da aplicação de uma técnica ou tecnologia. Nesse aspecto, a outra comunidade jamais pode se tornar uma nova ferramenta educacional ou um novo programa educacional. Não podemos obrigar ou forçar nossos estudantes a se expor ao que é outro, diferente e estranho. A única coisa que podemos fazer é assegurar que existam ao menos oportunidades dentro da educação para encontrar e enfrentar o que é diferente, estranho e outro, e também que existam oportunidades para nossos estudantes realmente responderem, encontrarem sua própria voz, seu próprio modo de falar. Nós, como professores e educadores, devemos estar cientes de que tudo o que rompe a operação tranquila da comunidade racional não é necessariamente um distúrbio do processo educacional, mas poderia até ser o ponto em que os estudantes começam a encontrar sua própria voz responsiva e responsável.

Conclusão

Neste capítulo, investiguei a noção de "comunidade" para compreender com mais detalhes o que significa vir a um mundo povoado por outros que não são como nós. A afirmação central deste capítulo é que nossa subjetividade, que nos torna seres únicos e singulares, é de "natureza" ética. É na e pela maneira como respondemos ao outro, à outridade do outro, ao que é estranho e diferente de nós – e responder significa ser responsivo e assumir responsabilidade – que vimos ao mundo como seres únicos e singulares.

Seguindo Bauman, podemos dizer que esse modo de compreender nossa subjetividade não reduz quem nós somos para as comunidades, tribos ou clãs que são parte de (nossa identidade), nem eleva nossa subjetividade a algum modo universal de racionalidade. O potencial emancipatório da abordagem investigada neste capítulo reside precisamente em considerar um terceiro modo de compreender a subjetividade: além da identidade e da universalidade. Contra esse pano de fundo, argumentei que devemos pensar na educação como dizendo respeito antes de tudo às oportunidades de os seres humanos virem ao mundo, encontrarem sua própria voz, virem a se constituir como seres únicos, singulares. O primeiro interesse da educação, em outras palavras, consiste em determinar como as crianças e os estudantes podem aprender a falar com sua própria voz. Isso não é excluir ou negar o papel da educação e da instrução na reprodução da comunidade racional, mas propõe realmente a questão de saber quanto da outra comunidade é possível dentro do sistema educacional, e também o que se exige da educação para tornar isso possível – uma questão que examinarei no próximo capítulo.

As categorias que usei neste capítulo não são as da epistemologia e metafísica, mas as da ética e política.

Argumentei que a origem de nossa subjetividade não deve ser pensada em termos de nossa consciência ou mente racional (epistemologia), nem pode ser pensada como uma essência, como algo que possuímos ou que é nossa base fundamental (metafísica). O que constitui nossa subjetividade, o que nos constitui em nossa subjetividade é o modo como nós – você e eu como seres singulares – respondemos. Talvez queiramos dar a isso o nome de nossa *respons-abilidade*,[3] desde que sejamos cientes de que essa capacidade não é nossa essência última (metafísica). Não há, afinal, nenhuma garantia de que as pessoas responderão, nenhum mecanismo que possa nos fazer responder. É apenas uma possibilidade. Talvez sejamos seres vulneráveis, mas a vulnerabilidade nunca se traduz automaticamente em responsabilidade e ação responsiva.

A responsabilidade, como argumentei, não diz respeito ao que já conhecemos. A responsabilidade exclui e contradiz o cálculo. É precisamente por essa razão que a responsabilidade está relacionada com a comunidade daqueles que não têm nada em comum. É, em última análise, essa comunidade que torna possível nosso "segundo nascimento", nossa vinda ao mundo como seres individuais e únicos. Tal como nosso primeiro nascimento físico, não é necessariamente uma experiência agradável. Pode ser difícil e doloroso vir ao mundo, assumir a responsabilidade que nos aguarda, expor-nos ao que é outro e diferente. Entretanto, é isso o que nos torna únicos e, em certo sentido, humanos.

---

[3] Jogo de palavras intraduzível: *response-ability* – capacidade de resposta. (N.T.).

CAPÍTULO 4

Quão difícil deve ser a educação?

Um dos dados mais notáveis sobre a educação ocidental é a persistência de *expectativas tecnológicas* quanto à educação e à instrução nas escolas. Isso pode ser constatado, por exemplo, na pressão que o governo de muitos países coloca sobre o sistema educacional para melhorar seu desempenho, o que na maioria das vezes significa uma exigência para apresentar resultados específicos e predeterminados. Essa pressão é exercida sobre o sistema educacional em geral – por exemplo, por meio de currículos nacionais ou monitoramento internacional do desempenho dos estudantes – e sobre as escolas, salas de aulas e professores individuais – por exemplo, por meio da publicação do quadro classificatório das escolas e de sistemas ainda mais rigorosos de inspeção e controle.

A atitude tecnológica em relação à educação, a ideia de que a educação é um meio ou um instrumento que pode ser usado para realizar certos objetivos predeterminados, tem muitas faces. Não só existem expectativas tecnológicas quanto à transmissão do conhecimento e de habilidades. Apelos recentes em prol da educação do caráter, certas concepções da educação da cidadania, ou a ideia de que a educação pode ser usada para se contrapor à desintegração social, são todos exemplos de expectativas tecnológicas quanto à educação na esfera dos valores e normas. A atitude tecnológica não é tampouco o privilégio exclusivo dos políticos de direita que lutam por uma agenda educacional conservadora. A esperança esquerdista de que a sociedade pode ser transformada por meio da educação, de que as escolas podem construir uma "nova ordem social" (COUNTS, 1939), baseia-se num conjunto semelhante de expectativas quanto ao que a educação possa realizar. Além disso, os governos e os formuladores de políticas não são os únicos atores na arena pública que estão exigindo cada vez mais que o sistema educacional preste contas de seu desempenho. Muitos pais já não se veem como coeducadores em relação às escolas de seus filhos, mas passaram a redefinir sua posição como um dos consumidores das mercadorias educacionais que as escolas devem supostamente entregar (ver BIESTA, 2004a).

A principal pressuposição por trás da atitude tecnológica é a ideia de que a educação é um instrumento que pode ser posto a funcionar para produzir certos objetivos predeterminados. No lado "positivo", isso leva à ideia de que o aperfeiçoamento da educação será encontrado no desenvolvimento de melhores meios – o que deixa a pesquisa educacional principalmente com a tarefa de melhores técnicas e estratégias educacionais, em vez de contribuir para uma discussão crítica sobre as metas e os objetivos da educação. No lado "negativo", a visão tecnológica da educação traz consigo a perspectiva de que naqueles casos em que a educação *não* é bem-sucedida em alcançar suas metas, isto é, em que a educação é *difícil*, ou em que a educação até parece ser impossível, tal resultado é um desvio do curso normal das coisas – o que, por sua vez, sugere que esses obstáculos, por serem apenas de ordem técnica, podem ser, em princípio, superados no futuro, quando tivermos encontrado o modo correto de proceder.

Neste capítulo, quero considerar a dificuldade da educação a partir de um ângulo diferente. Quero argumentar que uma compreensão adequada do processo de educação requer que pensemos de um modo diferente sobre o que é normal e o que é desviante, isto é, que *não* devemos pensar na dificuldade da educação como um desvio, como um perigo, uma ameaça ou um distúrbio que vem de "fora". Vou sugerir que devemos conceber essa dificuldade antes como algo que é apropriado, que pertence à educação, como algo que torna a educação possível em primeiro lugar. Quero argumentar, em outras palavras, que nossa compreensão da educação deve começar dessa própria dificuldade da educação (ver DONALD, 1992).

A abordagem que vou examinar neste capítulo poderia ser caracterizada como uma compreensão *desconstrutiva* da educação, visto que tento compreender a "lógica" do processo da educação em termos da ideia de que a condição da possibilidade de educação é, ao mesmo tempo, sua condição de impossibilidade (DERRIDA, 1988; CAPUTO, 1997; BIESTA, 2001). Essa afirmação deve ser lida com extrema cautela. A linha desconstrutiva de pensamento que apresento neste capítulo não é uma tentativa de sugerir que a educação é simplesmente impossível – e, portanto, vã. É antes uma tentativa de pensar diferentemente sobre a educação e mostrar que aquilo que torna a educação difícil, e por vezes até impossível, é precisamente o que torna a educação possível em primeiro lugar (ver, por exemplo, Vanderstraeten; Biesta, 2001; Biesta, 2004b). "Ler" a educação desconstrutivamente deve nos ajudar a perceber que é possível compreender a educação fora dos confins de uma estrutura tecnológica, fora dos confins da atitude tecnológica. Isso é particularmente importante em relação a um ponto apresentado no capítulo 3, em que argumentei que a "outra comunidade", a comunidade daqueles que não têm nada em comum, não pode ser criada de modo deliberado ou técnico e que, por essa razão, jamais pode se tornar uma nova técnica educacional. Se acontecer de a "outra comunidade" constituir a comunidade pela qual os indivíduos podem vir ao mundo como seres únicos, singulares, é de crucial importância que essa comunidade não esteja além do alcance educacional, mesmo que não possa ser gerada por meio da aplicação de uma técnica educacional particular.

A abordagem que vou procurar apresentar neste capítulo é, em certo sentido, oblíqua, uma vez que vou examinar a dificuldade da educação pela lente da dificuldade da política e do que é político. A principal razão para tal é que as questões sobre a dificuldade da interação humana têm sido discutidas de forma muito mais aguda no contexto da política do que dentro da educação. As ideias que vou discutir neste capítulo são, entretanto, extremamente relevantes para a educação, porque, com respeito à questão abrangente da dificuldade de interação humana, não há diferença fundamental — e talvez nem haja uma diferença gradual — entre a esfera da política e a esfera da educação. O que é, então, que torna a interação humana difícil?

A política e a comunidade política

A dificuldade de interação humana provém do fato de que, como disse Hannah Arendt, "homens, e não o Homem, vivem sobre a terra e habitam o mundo" (ARENDT, 1977b, p. 7). Provém, em outras palavras, da existência da pluralidade, diversidade e diferença. Uma das questões mais fundamentais para a política e para a teoria política, portanto, é a questão sobre como responder ao fato da pluralidade. Em seu livro *Political theory and the displacement of politics* (1993), Bonnie Honig argumenta que a filosofia ocidental desenvolveu em geral duas estratégias diferentes para responder a essa questão. Ela afirma que a maioria dos teóricos políticos confina a política à tarefa de construir o consenso, manter os acordos e consolidar as comunidades e identidades. Eles pressupõem que o sucesso da política reside na eliminação da dissonância, resistência, conflito e luta. Consideram tarefa básica da política "resolver questões institucionais" e *"libertar os sujeitos modernos... do conflito e instabilidade políticos"* (HONIG, 1993, p. 2).

Enquanto esses teóricos – a quem Honig se refere como teóricos da *virtude* – acreditam que seus princípios e instituições favoritos se encaixam e se expressam nas identidades dos sujeitos, os teóricos da *virtù*, por outro lado, afirmam que tal encaixe não é possível. Enfatizam que todo estabelecimento político tem seus outros, e resistências são realmente engendradas por todo estabelecimento político, "mesmo por aqueles que são relativamente capacitadores ou empoderadores" (p. 3). É por causa desses outros perpetuamente gerados que os teóricos da *virtù* procuram garantir a perpetuidade da disputa política. (A distinção entre os teóricos da *virtude* e os teóricos da *virtù* não corresponde à distinção entre liberais e comunitários. A engenhosidade da abordagem de Honig reside precisamente no fato de ela ser capaz de mostrar que liberais *e* comunitários podem ser vistos como proponentes do mesmo "estilo" político. Honig apresenta, portanto, os pensadores Rawls e Sandel (e também Kant) como teóricos da *virtude*. Ela discute Nietzsche e Arendt como representantes da abordagem da *virtù*.)

A análise de Honig revela que há uma distinção entre aqueles que veem a pluralidade como algo que pode e deve ser superado pela política (os teóricos da *virtude*), e aqueles para quem a pluralidade não pode, tampouco deve ser superada pela política (os teóricos da *virtù*). Na superfície, os teóricos da *virtude* parecem estar corretos. A política, assim se poderia argumentar, existe para estabelecer uma ordem social, dada a existência de diferenças substantivas. Seria possível questionar, claro, se uma ordem social pode chegar a ser plenamente inclusiva (como pressupõem os teóricos da *virtude*), ou se pode ser estabelecida apenas por um ato de divisão e exclusão, e nesse caso restarão sempre e necessariamente os outros. Essa diferença, entretanto, parece de um tipo mais gradual que essencial, embora Honig mostre corretamente que aqueles para quem uma ordem social pode ser plenamente inclusiva demonstram ter uma insensibilidade pouco democrática aos outros de sua política, mesmo "quando dependem desses outros para estabilizar suas ordens" (p. 4).

Entretanto, a questão que me interessa neste ponto não é *se* a política tem de lidar com a pluralidade ou não – ela simplesmente tem de –, mas *como* a política deve lidar com a pluralidade. À luz dessa última questão, vejo uma diferença mais sutil entre as teorias da *virtude* e as teorias da *virtù*. O que distingue as teorias da *virtude* das teorias da *virtù* é que as primeiras concebem a pluralidade e a diferença como uma dificuldade ou um problema para os quais a política deve providenciar uma solução. As teorias da *virtude*, para ser mais preciso, concebem a pluralidade como um obstáculo à vida social, como um distúrbio e uma *fraqueza*, e veem a política como a cura para essa fraqueza. A pressuposição implícita é de que a vida social só será possível se houver um grau suficiente de comunalidade ou consenso entre aqueles que vivem juntos. Portanto, os teóricos da *virtude* julgam ser tarefa básica da política instalar uma comunidade política, uma comunidade que tenha bastantes coisas em comum – o que significa uma comunidade que seja suficientemente despluralizada – para que a vida social se torne possível.

A última estratégia pode ser encontrada, por exemplo, em algumas versões da teoria política liberal. O liberalismo, nas palavras de John Rawls, procura articular um ideal de ordem política que possa lidar com o "fato do pluralismo" de um modo não opressivo (RAWLS, 1993, p. 192). Seu objetivo é encontrar uma resposta para a questão de como organizar a coexistência entre pessoas com diferentes concepções do bem sem dar prevalência a nenhuma dessas concepções. Os dois componentes principais de sua resposta são a ideia da prioridade do direito em relação ao bem e a distinção entre as esferas pública e privada. O primeiro princípio acarreta que os direitos individuais não podem ser sacrificados pelo bem geral *e* que os princípios da justiça que especificam esses direitos não podem ser propostos com base em nenhuma visão particular do bem. O objetivo é, portanto, desenvolver uma estrutura justa dentro da qual os indivíduos possam escolher seus próprios valores e fins, coerente com uma liberdade similar para os outros. A distinção entre as esferas pública e privada é feita para indicar onde a proliferação de concepções do bem é permitida (na esfera privada) e onde não o é (na esfera pública).

Isso mostra que há pelo menos uma tendência na filosofia política liberal para ver a pluralidade como algo que apresenta uma ameaça à vida social. A solução proposta é a criação de um tipo particular de comunidade política, a "esfera pública", que pode ser caracterizada como uma comunidade despluralizada. Dessa forma, como tem argumentado Chantal Mouffe, o liberalismo tenta garantir um consenso no domínio público, relegando todo pluralismo e discordância ao domínio privado. Todas as questões controversas são tiradas da agenda política a fim de criar as condições para um consenso racional (MOUFFE, 1993, p. 140).

Embora o liberalismo considere realmente as questões da pluralidade, é claro que o faz removendo o máximo de pluralidade possível do domínio público. Representa uma tentativa de desenvolver uma estrutura política comum mínima que permita o máximo de expressão da diversidade fora da política. Além da questão mais prática sobre a possibilidade de se fazer uma distinção clara entre o que é privado e o que é público (exemplos notórios do contrário são o aborto e a eutanásia), há o problema mais fundamental de que o liberalismo – e esse é um problema para todas as teorias da *virtude* – parece considerar a política como algo para pessoas de mentes semelhantes. Embora o liberalismo tente ser o mais inclusivo possível na vida social, ele o faz excluindo a pluralidade do domínio da política. O perigo é que a participação política só se torna acessível para aqueles que já concordam com as regras do jogo.

O meu objetivo aqui não é argumentar a favor ou contra o liberalismo, mas apresentar a versão de filosofia política liberal delineada acima dele como um exemplo de concepção particular do que constitui uma comunidade política – uma concepção que julga a pluralidade e a diferença como um obstáculo, como algo que precisa ser superado. Determinar se essa é uma concepção viável de política constitui, em certo sentido, uma questão empírica (ainda que haja também questões teóricas complexas em jogo), embora eu concorde com Mouffe que a negação de que toda ordem política, inclusive uma ordem liberal, gera seus próprios outros não faz com que esses outros desapareçam, mas corre o risco de levar "a uma perplexidade em face de suas manifestações e à impotência na lida com eles" (MOUFFE, 1993, p. 140).

Embora seja importante indagar até que ponto as teorias da *virtude* oferecem um programa realista para a vida política, é ao menos igualmente importante perguntar se as teorias da *virtù* proporcionam uma alternativa viável, isto é, se é possível pensar na relação entre pluralidade e política – e, portanto, no papel da pluralidade na interação humana – de tal modo que ela *não* seja vista como uma fraqueza ou uma ameaça, mas antes como algo que lhe é central. Uma das poucas filósofas que investigam esse caminho é Hannah Arendt.

Hannah Arendt e a dificuldade da política

Hannah Arendt é inequivocamente clara sobre a posição da pluralidade na sua compreensão da política.

Na primeira página do primeiro capítulo de *A condição humana*, ela declara que a pluralidade, o fato de que "homens, e não o Homem, vivem sobre a terra e habitam o mundo", é "a condição [...] de toda a vida política". A pluralidade não é apenas "a *conditio sine qua non*" da vida política, isto é, a condição sem a qual a vida política não existiria. É também "a *conditio per quam*" da vida política, isto é, a condição última da vida política, a condição pela qual a vida política existe (ARENDT, 1977b, p. 7).

A pluralidade é uma das três condições nas quais "a vida sobre a terra foi dada ao homem". Essas condições (ver a seguir) correspondem às três atividades essenciais – labor, trabalho e ação – que juntas compreendem a *vita activa*. A *vita activa* é a vida da *praxis* que Arendt quer restituir a seu lugar apropriado, do qual tinha sido afastada desde o início da filosofia ocidental pela vida da contemplação, a *vita contemplativa*.

Arendt descreve o *labor* como a atividade que corresponde ao processo biológico do corpo humano. O labor provém da necessidade de se manter a vida, sendo focalizado exclusivamente na manutenção da vida. É o que o homem faz numa repetição infindável – "devemos comer para laborar e devemos laborar para comer" (p. 143). A condição humana do labor é, portanto, a "própria vida" (p. 7). O *trabalho*, por outro lado, é a atividade que corresponde à "inaturalidade" da existência humana. O *trabalho* proporciona um mundo artificial de coisas, distintamente diferente de todos os ambientes naturais. Diz respeito ao *fazer* e, por essa razão, é "inteiramente determinado pelas categorias do meio e fim", isto é, diz respeito à *instrumentalidade* (p. 143). Como o trabalho concerne à fabricação de um mundo de objetos que têm durabilidade e permanência, ele tem igualmente "objetividade" (p. 137). A condição humana do trabalho é, portanto, a "mundanidade" (p. 7).

Enquanto o labor e o trabalho dizem respeito à interação de seres humanos com o mundo material, a *ação* é a atividade "que passa diretamente entre os homens", sem "a mediação das coisas ou matéria" (p. 7). Agir, em seu sentido mais geral, significa tomar uma iniciativa, isto é, iniciar. Arendt afirma que o homem é um *"initium,* um início e um iniciador" (ARENDT, 1977a, p. 170). Sob esse aspecto, todo ato é um "milagre" na medida em que é "algo que não se poderia esperar" (p. 169). A ação está relacionada muito intimamente a uma das condições mais gerais da existência humana: a condição da *natalidade*. A ação como um início corresponde ao fato do nascimento, já que a cada nascimento algo "unicamente novo" vem ao mundo. A ação é a "realização da condição humana da natalidade" (ARENDT, 1977b, p. 178).

A razão pela qual a ação corresponde à condição humana da pluralidade reside no fato de que sempre agimos sobre seres "que são capazes de suas próprias ações" (p. 190). Se os homens fossem "repetições infindavelmente reprodutíveis do mesmo modelo", a ação seria um "luxo desnecessário, uma caprichosa interferência nas leis gerais do comportamento" (p. 8). Mas não é este o caso. A *pluralidade* é a condição da ação humana porque "todos somos o mesmo" – isto é, somos todos capazes de inícios – "de tal maneira que ninguém jamais é o mesmo que qualquer outro que já existiu, existe ou existirá" (p. 8).

No lado "negativo" – retornarei ao caráter especial dessa negatividade a seguir – o fato de que agimos sobre seres que são capazes de suas próprias ações implica que o domínio da ação é ilimitado e inerentemente imprevisível (p. 190-191). Arendt escreve que a exasperação com a "frustração da ação" é quase tão antiga quanto a história registrada. Portanto, sempre foi grande a tentação de encontrar um substituto para a ação "na esperança de que o domínio dos negócios humanos pudesse escapar do acaso... inerente a uma pluralidade de agentes" (p. 220). As soluções propostas sempre equivalem a procurar proteção contra as calamidades da ação numa atividade em que "o homem continua senhor do que faz desde o começo até o fim" (p. 220). Essa tentativa de substituir o agir pelo fazer, isto é, conceber a política em termos de *trabalho* e, portanto, de instrumentalidade, está manifesta "em todo o corpo de argumentos contra a 'democracia'", e acabará transformando-se num argumento contra os elementos essenciais da própria política (p. 220).

A razão por que Arendt defende esse argumento provém do fato de que a ação não é um processo cossubjetivo. Não é um processo em que os indivíduos *trabalhem* juntos e produzam coisas. Arendt reconhece que a capacidade do homem para agir, e especialmente para agir de comum acordo, é "extremamente útil para fins de autodefesa ou de busca de interesses" (p. 179). Mas, "se nada mais estivesse em jogo do que usar a ação como um meio para um fim", é óbvio que o mesmo fim poderia ser alcançado muito mais facilmente – e por essa razão ela conclui que "a ação parece um substituto não muito eficiente para a violência" (p. 179). O ponto, entretanto, é que *há* algo mais em jogo – e aqui roçamos na implicação "positiva" do fato de que agimos sobre seres que são capazes de suas próprias ações. (Retornarei também ao caráter especial dessa positividade a seguir.)

Por que, então, a ação é importante? Vimos que para Arendt a pluralidade humana é a "pluralidade paradoxal" de seres *únicos*: somos todos o mesmo na medida em que ninguém é jamais o mesmo que algum outro. Arendt afirma que é somente na ação, e *não* no labor ou no trabalho, que a nossa "distintividade única" se revela. "Com palavras e atos", ela escreve, "nós nos inserimos no mundo humano, e essa inserção é como um segundo nascimento" (p. 176). A ação e a fala são, portanto, os modos como os seres humanos aparecem ou vêm ao mundo, e esse é *necessariamente* um aparecimento para os outros. Embora a revelação do agente no ato seja, num sentido muito fundamental, algo que fazemos, *não* é, num sentido igualmente fundamental, algo que podemos nos abster de fazer. A ação e a fala retêm a sua "capacidade de revelar-o-agente", mesmo que seu *conteúdo* diga respeito ao labor e ao trabalho. A revelação é, nesse sentido, *inevitável* (p. 183).

Como enfatizei no capítulo 2, o evento da revelação não é a revelação de uma identidade preexistente. Arendt enfatiza "que ninguém sabe a quem revela quando se revela em atos ou palavras" (p. 180). Isso só se torna claro na esfera da ação. O agente que é revelado no ato não é, portanto, um autor ou um produtor, mas um sujeito no duplo sentido da palavra, a saber, alguém que iniciou uma ação e alguém que sofre suas consequências (p. 184). E precisamente neste ponto reside o "risco de revelação" inerente (p. 180).

Embora a condição humana da pluralidade sempre frustre, em certo sentido, a nossa ação, Arendt enfatiza repetidas vezes que se deve apenas ao caráter específico do "medium" ["meio"] da ação o fato de a ação ser real

(p. 184). Isso indica, portanto, algo "que frustra a ação em termos de seus próprios fins" (p. 182). É por essa razão que as implicações negativas do fato de que sempre agimos sobre seres que são capazes de suas próprias ações não são simplesmente ou diretamente negativas, assim como as implicações positivas não são simplesmente ou diretamente positivas. E é precisamente neste ponto que o caráter desconstrutivo da compreensão apresentada por Arendt sobre a política – e a interação humana de forma mais geral – vem ao primeiro plano.

O dilema da ação

A ideia central da posição de Arendt reside na afirmação de que os seres humanos são inícios e iniciadores. Na esfera da interação humana, portanto, sempre agimos sobre seres que são capazes de suas próprias ações. Sempre começamos nossos inícios, para dizer em outras palavras, num mundo povoado por outros iniciadores. Isso significa, entretanto, que, para buscar nossos próprios inícios, temos sempre de contar com as ações de outros iniciadores. Embora, em certo sentido, isso frustre e perturbe a "pureza" de nosso início, essa "impossibilidade de permanecermos os senhores únicos do que fazemos" é ao mesmo tempo a condição – e a única condição – para que nossos inícios possam vir ao mundo (p. 220). A ação, distinta da fabricação, nunca é possível no isolamento. Arendt até afirma que "estar isolado é ser privado da capacidade de agir" (p. 188).

Embora o dilema da ação desempenhasse um papel central no contexto político grego e romano, Arendt argumenta que a distinção entre o início de um ato feito por uma única pessoa e a realização de um ato "em que muitos se juntam "produzindo" ou "terminando" o empreendimento" (p. 189) desapareceu gradativamente na maneira como a tradição ocidental tem compreendido a ação. O "fato de o iniciador depender de outros para obter ajuda e o fato de seus seguidores dependerem dele para terem a oportunidade de eles próprios agirem" (p. 189) dividem-se em duas funções inteiramente diferentes: a função de dar ordens e a função de executá-las. Arendt afirma que a maior parte da filosofia política desde Platão tem procurado encontrar fundamentos teóricos e maneiras práticas para garantir que um iniciador possa permanecer o senhor absoluto do que iniciou (p. 222). O que se perdeu nesse processo foi o *insight* de que é apenas com a ajuda de outros que o "governante, o iniciador e o líder" podem realmente agir, podem realmente levar a cabo "o que quer que tivessem começado a fazer" (ARENDT, 1977a, p. 166).

As observações precedentes podem nos ajudar a compreender por que não é categoricamente negativo o fato de que o domínio da ação seja "ilimitado" e inerentemente "imprevisível". Afinal, é precisamente esse caráter ilimitado e imprevisível que torna possível que nossos inícios venham ao mundo e assim se tornem reais. A compreensão da ação proposta por Arendt revela que o que torna nosso ser com outros *difícil* é, ao mesmo tempo, o que torna nosso ser com outros *possível* – isto é, desde que concebamos nosso ser com outros como ser com *outros*. Afinal, há sempre a opção de impor nossos inícios aos outros, com isso negando e erradicando a outridade do outro. Esse é o ponto em que a ação se torna fazer, isto é, em que o modo de atividade se torna tecnológico.

Liberdade, ação e pluralidade

Assim como a implicação negativa do caráter ilimitado da ação revela uma "flexão" desconstrutiva no pensamento de Arendt, a implicação positiva desse caráter ilimitado tampouco é clara. Isso se torna evidente na abordagem da questão da liberdade que Arendt apresenta. Arendt argumenta que a liberdade não deve ser compreendida como um fenômeno da vontade, isto é, como a liberdade de fazer o que se decidir fazer, mas que devemos antes concebê-la como a liberdade de "trazer à vida algo que não existia antes" (ARENDT, 1977a, p. 151). A diferença sutil entre liberdade como soberania e liberdade como início tem consequências de longo alcance. A principal implicação é que a liberdade não é um "sentimento interior" ou uma experiência privada, mas necessariamente um fenômeno público e, por isso, político. "A *raison d'être* da política é a liberdade", ela afirma, "seu campo de experiência é a ação" (p. 146).

Arendt afirma que essa liberdade – que "mesmo aqueles que elogiam a tirania ainda devem levar em consideração", e que é o oposto da liberdade interior, isto é, do "espaço interior para o qual os homens podem escapar da coerção externa e *sentir-se* livres" (p. 146) – é a forma mais original de liberdade. Parece seguro dizer "que o homem não saberia nada da liberdade interior se não tivesse primeiro experimentado a condição de ser livre como uma realidade mundanamente tangível" (p. 148). Segundo Arendt, tornamo-nos primeiro conscientes da liberdade ou de seu oposto em nossa relação com os outros, e não na relação com nós mesmos. A experiência da liberdade interior é, portanto, *derivada*, na medida em que pressupõe "retirar-se de um mundo onde a liberdade foi negada" (p. 146).

O problema com a liberdade como liberdade interior é que permanece sem manifestação externa. Por essa mesma razão, é "por definição politicamente irrelevante" (p. 146). Arendt enfatiza repetidas vezes que a liberdade precisa de um "espaço mundano", um "domínio público" para surgir (p. 149). "Sem dúvida", escreve Arendt, "pode ainda residir nos corações dos homens como desejo, vontade, esperança ou anseio; mas o coração humano, como todos sabemos, é um lugar muito escuro, e o que quer que aconteça nessa obscuridade não pode ser chamado um fato demonstrável" (p. 149). Ao contrário, portanto, da ideia de que a liberdade só começa "quando os homens abandonam o domínio da vida política habitado por muitos" (p. 157), Arendt propõe uma compreensão *política* da liberdade na qual a liberdade só é *real*, onde a liberdade, assim poderíamos dizer, só existe, se aparece num espaço público.

Uma das principais implicações do caráter público da liberdade é que já não podemos pensar na liberdade como algo que os seres individuais possuem. A liberdade só existe *na ação*, o que significa que os homens *são* livres – algo distinto de eles "possuírem o dom da liberdade" – desde que ajam, "nem antes, nem depois" (p. 153).

Como a liberdade só existe no ato, Arendt sugere que poderíamos pensar nela em termos das artes performáticas (distintas das artes criativas do fazer) (p. 153-154). Há duas razões para sugerir essa conexão. A primeira reside no fato de que, ao contrário das artes criativas do fazer, as realizações das artes performáticas estão na própria *performance* – e não num produto final, mais duradouro que a atividade que o gerou, e capaz de tornar-se independente dela. A "qualidade" do ato criativo, em outras palavras, não é apreciada pelo seu produto, mas reside no "virtuosismo" (p. 153) da *performance*. Em segundo lugar, Arendt afirma que os artistas performáticos precisam de uma audiência para mostrar seu virtuosismo "assim como os homens de ação precisam da presença de outros diante dos quais possam aparecer" (p. 154). A diferença aqui não é, claro, que as artes criativas do fazer possam passar sem uma audiência. A questão crucial é que as artes performáticas *dependem* de outros para realizar a própria *performance*. Ao contrário de uma pintura, uma *performance* sem audiência não existe. Os atores – no duplo sentido da palavra – precisam de um "espaço publicamente organizado para sua 'obra'" (p. 154).

A discussão da liberdade apresentada por Arendt revela assim que a liberdade só existe em nosso estar com outros. A liberdade só existe, em outras palavras, "sob a condição da não soberania" (p. 164). Arendt enfatiza que, dentro da estrutura conceitual da filosofia tradicional, é muito difícil compreender como a liberdade e a não soberania podem existir juntas. Mas sob as condições humanas, que são determinadas pelo fato da pluralidade, "a liberdade e a soberania são tão pouco idênticas que nem sequer podem existir simultaneamente" (p. 164). "Se os homens desejam ser livres", resume Arendt, "é precisamente à soberania que eles devem renunciar" (p. 165). Podemos dizer, portanto, que o que torna a liberdade difícil – o fato da pluralidade – é o que torna a liberdade possível.

O espaço onde a liberdade pode aparecer

A precedente visão geral revela que Arendt tenta consistentemente compreender a interação humana em geral, e a vida política em particular, do ponto de vista da pluralidade, da diversidade e da diferença. Como observa Disch no seu estudo da filosofia de Arendt, Hannah Arendt parte de uma premissa da qual os filósofos tentaram escapar, a premissa que consiste em que a política começa com uma pluralidade de agentes em relação mútua, e depois transforma essa pluralidade: "de uma 'fraqueza intrínseca' da condição humana a uma fonte de poder unicamente humano" (DISCH, 1994, p. 31). Repetidas vezes, Arendt conclui que o que torna nossa ação coletiva difícil – e em certo sentido até impossível – é o que unicamente torna nossa ação coletiva possível e real.

A esse respeito Arendt toma uma direção completamente diferente daquilo que Honig chama teorias da *virtude*. Enquanto as teorias da *virtude* visam tornar a ação política possível eliminando ou pelo menos reduzindo a pluralidade, Arendt considera que a principal tarefa da ação política é tornar a pluralidade possível. O fim e a *raison d'être* da política, ela escreve, é "estabelecer e manter a existência de um espaço onde a liberdade possa aparecer como virtuosismo" (ARENDT, 1977a, p. 154).

É importante perceber que o espaço em que a liberdade pode aparecer – e como *"ser* livre e agir são a mesma coisa" (p. 153) esse é o espaço em que novos inícios vêm ao mundo, em que os sujeitos "tornam-se presença" (ver capítulo 2) – é um espaço extremamente *frágil*. Como Passerin d'Entrèves deixa claro, o espaço do aparecer só passa a existir "quando os atores se reúnem com o objetivo de discutir e deliberar sobre assuntos de interesse público, e desaparece no momento em que essas atividades cessam" (PASSERIN D'ENTRÈVES, 1994, p. 77). O espaço do aparecer vem a ser, escreve Arendt, "onde quer que os homens estejam juntos na maneira de falar e agir" (ARENDT, 1977b, p. 199). Mas, ao contrário dos espaços que são o trabalho de nossas mãos, "ele não sobrevive à realização do movimento que o gerou, mas desaparece [...] com o desaparecimento ou interrupção das próprias atividades" (p. 199). Sempre que as pessoas se reúnem, ele está *potencialmente* ali, "mas apenas potencialmente, não necessariamente e não para sempre" (p. 199).

Portanto, o espaço do aparecer não pode ser presumido sempre que estamos junto com outros. É precisamente o fim e a *raison d'être* da política estabelecer e manter a existência de um espaço onde a liberdade como virtuosismo possa aparecer. Se esse é o fim e o propósito, e se esse espaço apenas existe, assim poderíamos dizer, *na* ação comum, como então devemos proceder em nossa ação comum para que a liberdade possa aparecer? E, por outro lado, como é possível a ação comum, dada "a presença simultânea de inumeráveis perspectivas e aspectos nos quais o mundo comum se apresenta e para os quais nenhuma medida ou denominador comum pode ser jamais inventado"? Pois, "embora o mundo comum seja o terreno do encontro comum de todos, aqueles que estão presentes têm nele diferentes localizações, e a localização de um não pode coincidir com a localização de outro, assim como não pode coincidir a localização de dois objetos" (p. 57).

As teorias da *virtude*, como temos visto, têm uma resposta perfeitamente e ilusoriamente clara a essa questão: só podemos agir juntos, só podemos agir de comum acordo, se temos um terreno comum, uma comunidade com uma identidade comum, se estabelecemos, em outras palavras, uma comunidade racional. A resposta de Arendt, por outro lado, continua consistentemente comprometida com a pluralidade e a liberdade. Na próxima seção, sigo a leitura, feita por Lisa Disch, das ideias de Arendt sobre julgamento político, que ela resume na noção de "visitar" (DISCH, 1994).

Visitar

A primeira coisa a ter em mente para compreender a ideia de visitar é que, embora Arendt esteja o mais distante possível da abordagem liberal da política e da ação política, ela reconhece que a ação comum não é possível se simplesmente deixamos a pluralidade existir. A ação comum não é possível na base da *mera* pluralidade (o que é, claro, totalmente diferente de dizer que ela só é possível na base da mesmidade). Assim, a compreensão da política apresentada por Arendt implica claramente uma rejeição do que desejo chamar "pluralismo desconectado".

Implícita no seu relato da condição humana da pluralidade está a pressuposição de que a conexão *é* possível, ainda que apenas como uma conexão-na-diferença. Assim, a ação comum sob a condição da pluralidade não deve ser concebida como uma luta agonística em que os iniciadores simplesmente impõem seus próprios inícios a outros. A ação comum requer decisão e, por isso, deliberação e julgamento. Mas, assim como Arendt rejeita o *pluralismo-sem-julgamento*, ela também rejeita o que me inclino a chamar *julgamento-sem-pluralismo*. Ela rejeita, em outras palavras, qualquer forma de julgamento político que se situe fora da rede da pluralidade.[4]

---

[4] Nesse ponto, concordo com Disch (p. 71) que a obra de Arendt está longe de ser uma "celebração agonística da 'grandeza', concebida como um

Arendt articula suas ideias sobre o julgamento político numa discussão sobre *A crítica do julgamento* de Kant (ARENDT, 1982). Como concerne ao nosso estar com outros, o julgamento político tem de ser representativo. Requer, em outras palavras, uma forma de generalidade ou, com a palavra que Arendt prefere, requer *publicidade*, "o ato de testar que nasce do contato com o pensamento de outras pessoas" (p. 42). Entretanto, ao contrário da ideia de pensamento representativo como uma forma de *abstrair-se* de sua própria situação contingente para pensar no lugar "de qualquer outro homem" – que é a posição advogada por Kant –, Arendt aborda o pensamento representativo como uma forma de *compreensão de múltiplas perspectivas* (DISCH, 1994, p. 152-153). Para Arendt, "não é a abstração, mas uma atenção respeitosa à particularidade que é responsável pelo 'pensamento ampliado'" (p. 153). O pensamento representativo é, portanto, intimamente conectado com elementos particulares, "com as condições particulares dos pontos de vista pelos quais se tem de passar para chegar a seu próprio 'ponto de vista geral'" (ARENDT, 1982, p. 44).

Para alcançar isso, o ato de julgamento deve consistir em algo mais que pensamento e decisão. Precisa da ajuda da *imaginação*. Mas, ao contrário de Kant, para quem a imaginação só é necessária para estabelecer uma distância crítica que torne possível pressupor um ponto de vista universal, Arendt argumenta que precisamos da

---

desinteresse estético pelas consequências práticas da ação política". Sigo também Disch na sua afirmação de que Arendt não *é* uma defensora do universalismo do Iluminismo (que é a interpretação "associativa" que Habermas tem dado à obra de Arendt) (p. 72-73). "Visitar" sugere um modo de ir além dessas duas opções.

imaginação tanto para "colocar as coisas na sua distância apropriada" *quanto* para "transpor os abismos até os outros" (DISCH, 1994, p. 157). Essa última atividade da imaginação em julgar é chamada de *visitar*. Visitar, como explica Disch, implica "construir histórias de um evento a partir de cada uma da pluralidade de perspectivas que poderia ter interesse em relatá-lo e" – esse 'e' é crucial – "imaginar como eu reagiria como personagem numa história muito diferente da minha própria" (p. 158). Visitar não é o mesmo que *paroquialismo*, que não é visitar de jeito nenhum, mas ficar em casa. Visitar é também diferente de turismo, que é "garantir que você terá todo o conforto de sua casa mesmo quando viaja" (p. 158-159). Visitar, entretanto, deve ser também distinguido de *empatia* que, como uma forma de "assimilacionismo", é "coagir alguém a se sentir em casa num lugar que não é a sua casa apropriando-se de seus costumes" (p. 159).

O problema com o turismo e a empatia é que ambos tendem a eliminar a pluralidade. O primeiro, "por uma posição objetivista que se agarra à 'nossa maneira de fazer as coisas' como uma lente pela qual as diferentes culturas só podem aparecer como o outro". A empatia troca essa lente de espectador "por óculos nativos, identificando-se com a nova cultura para evitar o desconforto de estar num lugar não familiar" (p. 159). Visitar, em contraste, é "ser e pensar na minha própria identidade onde eu realmente não sou" (ARENDT, 1977a, p. 241). É pensar seus *próprios* pensamentos, mas numa história muito diferente da sua, permitindo-se a "desorientação que é necessária para compreender como o mundo parece diferente a outra pessoa" (DISCH, 1994, p. 159).

O caráter inovador da ideia de visitar, é o que quero argumentar, não reside no fato de que visitar difere do turismo. É claro que qualquer abordagem do julgamento político que não queira eliminar a pluralidade tem de se engajar com os outros e a outridade. Não pode ficar em casa com toda a segurança, nem física nem virtualmente, no sentido em que o turista nunca entra em lugares não familiares, pois ele sempre já conhece o que encontrará no fim de sua viagem. O caráter inovador de visitar reside no fato de que proporciona uma alternativa para a *empatia*. A meu ver, o principal problema com a empatia é que ela pressupõe que podemos simplesmente (e confortavelmente) tomar a posição do outro, negando com isso tanto o caráter situacional de nosso próprio ver e pensar como o do outro. Visitar *não* é, portanto, ver pelos olhos de outra pessoa, mas ver *com nossos próprios olhos* a partir de uma posição que *não* é a nossa – ou, para ser mais preciso, numa história muito diferente da nossa.

A ideia de "visitar" fornece uma indicação da resposta de Arendt à questão sobre como podemos estabelecer e manter a existência de um espaço onde a liberdade pode aparecer. "Visitar" pode gerar uma forma de "generalidade situada" que vai além do turismo e da empatia, na medida em que toma a pluralidade não só como ponto de partida, mas também como sua meta. Segundo as ideias de Arendt, o fim da pluralidade é ao mesmo tempo o fim da possibilidade de liberdade, isto é, o fim da possibilidade de que alguma coisa unicamente nova venha ao mundo. E só quando levamos a sério o que torna difícil nosso ser com outros é que existe ao menos uma possibilidade para que esse novo início apareça, torne-se presença, venha ao mundo da pluralidade e diferença.

Quão difícil deve ser a educação?

Neste capítulo, tentei mostrar que existe um modo de pensar sobre nosso ser com outros, em que o fato da pluralidade *não* é concebido como um problema que deve ser superado para que nossa ação comum possa se tornar possível, mas em que esse fato é visto como aquilo que torna nosso ser com outros possível e real em primeiro lugar. Tentei deixar claro, em outras palavras, que o que torna nossa interação difícil – e em certo sentido até impossível – não é uma ameaça à nossa ação comum, mas antes sua condição interna de possibilidade. Caracterizei isso como uma leitura desconstrutiva da interação humana.

Há dois pontos no pensamento de Arendt em que essa linha desconstrutiva de pensamento pode ser percebida. O primeiro é sua afirmação de que a impossibilidade de permanecermos os senhores únicos do que fazemos é a própria condição para que nossos inícios possam vir ao mundo. Aqui ela mostra que nossa vinda ao mundo conta estruturalmente com as atividades dos outros para que nossos inícios sejam adotados, mas os outros sempre agirão nos seus próprios modos imprevisíveis. O segundo ponto será encontrado na sua afirmação de que a liberdade só existe *em* ação, o que, por definição, é ação-com-outros. Não podemos ser livres se estamos sós e isolados; só podemos ser livres quando agimos. Isso também significa que só podemos ser livres num espaço mundano, um espaço de pluralidade e diferença. Não podemos ser livres num espaço que é homogêneo e despluralizado. O tipo de liberdade que podemos experimentar num tal espaço, assim poderíamos dizer, é uma liberdade em que nada está em jogo, não é uma "liberdade difícil". A liberdade-como-ação de Arendt é somente arriscada e, por isso, real no espaço em que somos com *outros*.

O espaço em que novos inícios podem se tornar presença é um espaço que não existe independentemente de nossas ações. Assim como uma *performance* só existe na própria *performance*, o espaço da liberdade só existe *em ação* que é, por definição, ação com outros. Quando Arendt argumenta que a ação é a atividade que se passa diretamente entre os homens sem a mediação das coisas ou matéria, não é, portanto, para realçar algum tipo de misteriosa qualidade imaterial da ação. O ponto é simplesmente que a ação não possui nenhuma durabilidade ou permanência *fora* da esfera da ação. Embora as instituições sejam importantes – e pode-se afirmar, e na verdade tem-se afirmado, que Arendt não presta suficiente atenção ao papel dessas estruturas duráveis (PASSERIN D'ENTRÈVES, 1994) –, o ponto em favor de Arendt é que não é a mera existência das instituições que garante o espaço em que a liberdade pode aparecer. O que é necessário é um estado de alerta constante à "qualidade" da ação e um compromisso persistente em agir de tal maneira que a liberdade possa aparecer, para que novos inícios possam vir ao mundo. Sugeri que visitar é uma das maneiras possíveis em que isso talvez seja alcançado.

Se, nesse ponto, passamos do domínio da política para o domínio da educação, é antes de tudo importante ter em mente que *não* devemos pensar na política como uma *metáfora* para a educação. Estabelecer e manter a existência de um espaço em que a liberdade pode aparecer, em que novos inícios podem vir ao mundo, não é apenas o fim e a *raison d'être* da política. É também, como tenho argumentado, o interesse principal e último da educação.

Como Carsten Ljunggren expressou, a educação "não consiste em a natureza humana ser reprimida ou liberada", mas "em indivíduos se tornarem alguém" (LJUNGGREN, 1999, p. 55) – o que, como podemos agora dizer, ocorre necessariamente pela ação, pelo nosso ser com outros. Claro, o que acontece nas escolas e em outros lugares institucionalizados de aprendizagem não é focalizado e não deve ser focalizado exclusivamente nesse processo de se tornar alguém. Seria um erro pensar que a educação e a instrução podem e devem ser reduzidas a isso. Não só porque a educação está sempre também interessada pela aquisição de conhecimento, habilidades, competências, atitudes, etc. Mas ainda mais porque seria uma dicotomia falsa pensar que a educação pode e deve *ou* consistir em "tornar-se alguém" *ou* em aprender. É mais acertado dizer que nos tornamos alguém pela maneira como nos envolvemos com aquilo que aprendemos.

Dado o que tenho argumentado neste capítulo, ficará claro, portanto, que qualquer tentativa de transformar a educação numa técnica, qualquer tentativa de concebê-la em termos de instrumentalidade, representa uma ameaça à própria possibilidade de tornar-se alguém *por meio da* educação – o que, parafraseando Arendt, acabará indo contra "os elementos essenciais da própria educação". Afinal, transformar a educação numa técnica requer uma eliminação da pluralidade, diversidade e diferença. Requer uma eliminação, em outras palavras, do que torna a educação difícil. Por essa razão, podemos dizer que a pluralidade não é somente a condição da ação humana, mas que é também a condição da própria educação. Quero enfatizar mais uma vez que essa não é a pluralidade da coexistência de esferas privadas separadas, desconectadas.

É uma pluralidade que só existe, que em certo sentido só se torna presença em nosso ser com outros. É uma pluralidade, em outras palavras, que só existe na interação.

Isso significa, em suma, que a dificuldade da educação não é apenas a condição positiva da possibilidade de educação. Como essa dificuldade nunca está simplesmente ali – as condições para a ação têm de ser alcançadas repetidas vezes –, a conclusão só pode ser que é a própria tarefa e responsabilidade da educação manter a existência de um espaço em que a liberdade pode aparecer, um espaço em que indivíduos únicos, singulares podem vir ao mundo.

CAPÍTULO 5

A arquitetura da educação: criando um espaço mundano

Qual é o papel da educação hoje? E o que deve ser feito pelos educadores – pelos professores, pais e todos aqueles que têm uma responsabilidade educacional em relação aos "recém-chegados"? Essas são perguntas difíceis, tanto conceitualmente como num sentido prático. O que entendemos por "educação"? O que significa ter uma responsabilidade educacional? Quem tem uma responsabilidade educacional? De onde vem essa responsabilidade e o que ela acarreta? E como podemos captar e caracterizar o que a responsabilidade educacional acarreta *hoje*? Essas questões não são apenas difíceis, elas são também urgentes. A próxima geração não pode esperar. Mas o problema mais premente talvez não seja tanto o de encontrar uma resposta adequada para essas questões, embora isso também deva ser feito. Hoje o principal problema talvez resida no fato de que há respostas demais. Ou, para ser mais preciso, que há muito poucas dúvidas sobre o que essas questões realmente significam e o que exigem de nós. O principal problema talvez seja que essas questões não são consideradas absolutamente difíceis.

Existem, afinal, respostas claras disponíveis, tais como: o objetivo da educação é garantir a competitividade de um país na economia global. O objetivo da educação hoje é transmitir o conhecimento, os valores e as disposições da boa cidadania. O objetivo da educação hoje é garantir que os estudantes obtenham as notas mais elevadas nos testes internacionais. E assim por diante.

Essas respostas não devem ser completamente descartadas, porque elas contêm realmente certo elemento de verdade. Há uma conexão entre a economia e a justiça social, embora seja difícil ver como isso pode ser articulado em termos de competitividade. Embora talvez seja impossível definir o que é exatamente uma boa cidadania, há exemplos claros de comportamento que ameaçam o bem-estar dos outros. E a maioria dos pais quer realmente que os filhos tenham um bom desempenho na escola, embora uma nota alta numa tabela classificatória não coincida necessariamente com seus valores e suas aspirações. O problema com essas respostas não é, portanto, que elas sejam *completamente* absurdas (e sua atração reside precisamente no fato de que fazem algum sentido). Mas há ao menos dois problemas com essas respostas.

O primeiro é que essas respostas são geralmente apresentadas como evidentes e inevitáveis. Sob esse aspecto, elas exemplificam o que Zygmunt Bauman chama o credo TINA: There Is No Alternative [Não Há Nenhuma Alternativa] (BAUMAN, 1999, p. 98). O credo TINA sugere que não há julgamentos de valor implicados na decisão sobre o papel e a tarefa da educação. O credo TINA sugere que a economia global é simplesmente uma realidade à qual devemos ajustar nossos esforços educacionais, e não algo realmente desejado por alguns para servir a interesses particulares. O credo TINA sugere que as decisões sobre o futuro da educação podem ser simplesmente derivadas de tabelas classificatórias internacionais e de estatísticas da OECD [Organization for Economic Co-operation and Development], sem a necessidade de nenhum julgamento sobre o significado e o valor desses dados.

O segundo problema com as ideias predominantes sobre o objetivo da educação diz respeito às pressuposições subjacentes ao que é educação e ao que ela pode realizar. O pensamento do "senso comum" sobre a educação geralmente a concebe como a inserção de recém-chegados numa ordem particular. A educação é vista em termos da criação de identidades particulares – o aprendiz de vida inteira, o bom cidadão, o estudante de desempenho elevado – e em termos da criação de uma ordem social competitiva, estável e bem-sucedida. Para que isso seja possível, o próprio processo educacional tem de ser descrito como uma tecnologia, como um instrumento que pode ser posto a funcionar para realizar fins predeterminados. Se o instrumento falha, a culpa é normalmente atribuída aos estudantes que não têm motivação, aos pais que não dão apoio suficiente, ou aos professores que não possuem habilidades eficientes para ensinar – e não a pressuposições (erradas) sobre o que a educação pode realisticamente realizar.

Nos capítulos precedentes, apresentei um modo diferente de compreender a educação, um modo que não concebe a educação como um processo de inserção e adaptação ou como a produção de uma determinada ordem social, mas que diz respeito à vinda ao mundo de seres únicos, singulares. Neste capítulo, quero investigar mais uma dimensão dessa visão alternativa, focalizando a questão da responsabilidade educacional. O que significa ter essa responsabilidade? O que essa responsabilidade acarreta? E, mais importante, se a educação não pode ser concebida como uma técnica ou um instrumento, o que realmente *deve ser feito* pelos educadores?

Para desenvolver uma resposta a essas questões, vou investigar neste capítulo a analogia entre a educação e a arquitetura por meio de uma discussão da tradição de *Bildung* – às vezes traduzido em inglês como "edificação" – e da prática da construção. Estou interessado na tradição educacional de *Bildung* porque, como discuti no prólogo, essa tradição, embora diversa em suas manifestações, sempre expressou um interesse pela humanidade do ser humano e assim representa um modo do pensar e fazer educacional que é significativamente diferente do discurso educacional quase hegemônico na atualidade. A minha questão neste capítulo não será determinar quanto da tradição de *Bildung* pode ser recuperada ou restaurada hoje (ver também Biesta, 2002a; 2003b). Argumentarei que devemos compreender a tradição de *Bildung* como uma série de respostas contextuais a problemas e desafios particulares. Disso se segue que a tarefa que temos pela frente hoje *não* é a de reproduzir o passado, mas antes a de perguntar como devemos responder educacionalmente às questões e aos desafios que hoje nos confrontam. Neste capítulo, vou tentar identificar alguns desses desafios para delinear, então, uma possível resposta educacional. Seguindo a linha de pensamento apresentada nos capítulos anteriores, vou sugerir que a responsabilidade educacional de nossos dias tem a ver com a "criação" de um espaço mundano, um espaço de pluralidade e diferença, um espaço onde a liberdade pode aparecer e onde indivíduos singulares e únicos podem vir ao mundo. Para examinar o que poderia significar criar tal espaço, vou verificar como essa questão foi estudada na teoria e na prática arquitetônicas recentes. Minha conclusão neste capítulo será que, tanto para os arquitetos como para os educadores, a criação de um espaço mundano acarreta um dever duplo, desconstrutivo: um dever para a criação desses espaços e para seu constante desfazer.

Educação e a tradição da Bildung

Ainda podemos entender a tradição da *Bildung* hoje, ou essa tradição se tornou obsoleta e ultrapassada? Para responder a essa pergunta, precisamos compreender um pouco da história da ideia de *Bildung*. Um rápido olhar a um dos modos possíveis de compreender essa história revela que *Bildung* possui uma dimensão tanto *educacional* como *política*. Por um lado, como discuti brevemente no prólogo, *Bildung* representa um ideal educacional que surgiu na sociedade grega e que, por sua adoção na cultura romana, no humanismo, no neo-humanismo e no Iluminismo, tornou-se uma das noções centrais da moderna tradição educacional do Ocidente. Central nessa tradição é a questão sobre o que constitui um ser humano educado ou culto. Em geral, a resposta a essa questão não foi dada em termos de disciplina ou socialização, isto é, em termos da adaptação a uma ordem externa existente. *Bildung* antes se referia ao cultivo da vida interior, ao cultivo da mente humana ou da alma humana. Inicialmente, a questão da *Bildung* era abordada em termos do conteúdo de *Bildung*: uma pessoa educada era alguém que tinha dominado um determinado cânone. Um passo importante foi tomado quando a aquisição de conteúdos particulares se tornou reconhecida como um aspecto constitutivo de *Bildung*. Desde então, *Bildung* tem sido sempre compreendida como auto-*Bildung* (KLAFKI, 1986; BIESTA, 2002b).

A concepção moderna de *Bildung* foi cunhada principalmente no Iluminismo, quando auto-*Bildung* se tornou definida em termos de autonomia racional. Como vimos, Kant providenciou a clássica definição do Iluminismo como "a liberação dos homens [*sic*] de sua tutela autoinfligida [*Unmündigkeit*] por meio do exercício de sua própria compreensão" (KANT, 1992, p. 90). De forma bastante interessante, Kant também afirmava que a vocação e a propensão dos homens para o livre pensar só podia ser criada por meio da educação (KANT, 1982, p. 701; ver também capítulo 2). Ele assim colocava a educação no próprio centro do Iluminismo, dando aos educadores a tarefa e a responsabilidade de liberar a racionalidade dos seres humanos para torná-los autônomos. Embora Kant visse a autonomia racional como um ideal educacional central, o seu pensamento educacional estava intimamente ligado a uma questão *política*, a saber, a questão sobre que tipo de subjetividade era necessário na sociedade civil nascente de seu tempo e lugar – a Prússia sob Frederico, o Grande. O argumento de Kant era de que a sociedade civil precisava de sujeitos que pudessem pensar por si mesmos e fossem capazes de seus próprios julgamentos.

O que podemos aprender com esse breve vislumbre da história da ideia de *Bildung* é que, particularmente em sua configuração moderna do Iluminismo, *Bildung* está intimamente entrelaçada com questões políticas e com uma determinada constelação política. *Bildung* deve ser compreendida como uma "resposta" a uma "pergunta"

– poderíamos até dizer uma resposta educacional a uma pergunta política. Esse é um modo proveitoso de compreender a tradição de *Bildung*, pois sugere que, se quisermos entender essa tradição hoje, não devemos apenas perguntar quanto de *Bildung* ainda é possível nos dias atuais ou quanto da tradição de *Bildung* pode ser recuperada ou restaurada. Antes precisamos perguntar que tipos de problemas enfrentamos na atualidade. O que invoca nossa resposta? O que invoca nossa resposta *educacional*? E o que invoca nossa resposta educacional *hoje*? Vou tentar dar ao menos uma resposta parcial a essa questão.

Onde estamos nós hoje?

O primeiro aspecto que desejo salientar na situação em que atualmente nos encontramos tem a ver com o fato de que vivemos num mundo em que a ideia do universal, de valores universais e verdade universal, tem sido problematizada. O ponto aqui *não* é dizer que vivemos num mundo plural, porque quando olhamos para a história da humanidade sempre houve pluralidade. O que mudou é a maneira como essa pluralidade é compreendida e abordada. O que tem sido questionado é a ideia de que é possível ver, revelar amplamente, descrever e conceituar essa pluralidade a partir de um ponto neutro fora dela. Um modo de descrever o que está em jogo é pensar em termos da distinção entre *diversidade* e *diferença* (BHABHA, 1990; SÄFSTRÖM; BIESTA, 2001). A diversidade representa a tentativa de ver a pluralidade como um conjunto de variações contra um pano de fundo idêntico ou um conjunto de posições dentro de uma estrutura geral. Um exemplo disso é pensar na pluralidade em termos de variações culturais de uma subjacente natureza humana universal. O que é sugerido por essa visão é que somos todos basicamente o mesmo e que nossas diferenças são "meramente culturais". O problema com essa visão, como Homi Bhabha deixa claro, é que "o universalismo que paradoxalmente permite a diversidade mascara normas, valores e interesses etnocêntricos" (BHABHA, 1990, p. 208) e "não reconhece em geral a posição universalista e normativa a partir da qual constrói seus julgamentos culturais e políticos" (p. 209).

A diferença, por outro lado, considera a realidade de que diferimos só enquanto a encontramos e experimentamos – o que na maioria das vezes significará: enquanto ela nos confronta. O que está implícito nessa última abordagem é o reconhecimento de que qualquer tentativa para localizar, compreender e estabelecer o sentido da diferença colocando-a numa estrutura geral só pode ser feita a partir de uma das posições dentro dessa estrutura – o que já mostra que a própria estrutura não é geral, assim como a posição não está simplesmente dentro da estrutura. Levar a diferença a sério significa que temos de desistir da ideia de que podemos e devemos compreender e conhecer a outridade e a diferença antes de nos relacionarmos adequadamente com ela. É desistir da ideia de que o conhecimento do outro é uma condição necessária e suficiente para relacionar-se com o outro. A diferença requer uma atitude diferente para com a pluralidade e a outridade, uma atitude em que a ideia de responsabilidade é mais apropriada que a ideia de conhecimento, uma atitude em que a ética é mais importante que a epistemologia.

A segunda dimensão que desejo salientar é o fato de que vivemos num mundo em que tem sido questionada a ideia de que podemos conhecer a essência do que é ser humano. Filosoficamente, como discuti no capítulo 2, esse questionamento tem sido expresso como uma crítica do humanismo, a tentativa de determinar "a essência do homem [*sic*]" (HEIDEGGER, 1983, p. 225). Renunciar à ideia de que podemos conhecer a essência do ser humano não é isento de perigos, porque admite uma ampla série de diferentes opções, definições e manifestações de humanidade. Entretanto, o ponto da crítica ao humanismo não é dizer que todas as manifestações de humanidade são, simples e automaticamente, boas e desejáveis. O único ponto da crítica ao humanismo é que não podemos saber disso de antemão, e que talvez haja perigo maior em evitar as oportunidades para ser humano do que em manter nossas opções abertas. Isso não significa que não haja nenhum julgamento envolvido ou requerido. Significa apenas que o julgamento tem de vir *depois* da manifestação e da experiência de novas e diferentes maneiras de ser humano.

É importante ver que a crítica ao humanismo não é exclusivamente motivada por interesses filosóficos. Estamos vivendo na sombra de uma era em que o genocídio foi motivado e justificado por uma definição do que um ser humano real devia supostamente ser. E, mais perto de nosso tempo, podemos testemunhar como decisões sobre aborto e eutanásia são frequentemente baseadas em definições do que uma vida humana deve supostamente ser. O humanismo, a pretensão de conhecer em que consiste a humanidade dos seres humanos, tornou-se uma questão de vida e morte. Essa é a razão mais importante para que se desconfie do humanismo, para que se desconfie de qualquer tentativa de definir, para outros e mesmo antes de a vida começar, onde reside a linha divisória entre o humano e o inumano.

O terceiro aspecto que desejo salientar é o fato de que vivemos numa era de globalização. É importante ver o que é a globalização e o que ela não é. A globalização não tem nada a ver com a criação de um campo de atuação equitativo. A globalização é um processo altamente assimétrico; é um processo em que algumas práticas e atividades se tornam incorporadas na lógica de outros. A globalização é a extensão hegemônica de redes e práticas particulares. A globalização não consiste apenas na criação de interdependência, mas ao mesmo tempo na criação de novas dependências. A esse respeito poderíamos até dizer que a globalização é a face contemporânea do colonialismo.

A globalização ocorre em várias esferas. A mais proeminente é sem dúvida a esfera econômica. A produção, o consumo e as finanças tornaram-se todos parte de uma rede global. Embora a rede seja global, é principalmente dirigida pelas potências ocidentais, tais como a OPEC, a OECD e o G8. Como resultado, seus interesses são mais bem servidos pela economia global do que os interesses daqueles que operam no outro lado da economia global. A globalização da comunicação e da mídia e a globalização da cultura popular estão intimamente entrelaçadas com os interesses do capitalismo global. São motivadas não tanto pelo compromisso de estabelecer o cosmopolitismo democrático quanto pela necessidade de criar mercados sempre novos para o *software* e o *hardware* e para os produtos da indústria do entretenimento global. Entretanto, há uma dimensão da globalização que parece funcionar na direção oposta, que é a globalização de problemas ecológicos. Enquanto o capitalismo global resulta na concentração de riqueza numa parte do mundo, os problemas ecológicos causados pela produção global tendem a terminar naqueles lugares onde a economia é mais fraca e onde, por questões de pura sobrevivência econômica, as regulamentações ambientais são mínimas.

Educacionalmente, a característica mais notável do capitalismo global é que ele "produz" um tipo particular de subjetividade ou, para ser mais preciso, está principalmente interessado numa possível posição-do-sujeito, a saber, a do sujeito como consumidor. O consumidor ideal é o "seguidor devoto da moda", o sujeito que deixa seus desejos serem ditados pela necessidade de constante expansão da produção capitalista. O capitalismo global não está interessado em diferenças individuais – isto é, salvo as requeridas para a criação de novos nichos do mercado ou a invenção de novas tendências e modas – nem está interessado em diferentes modos ou modelos de subjetividade. A esse respeito, o capitalismo global ameaça as oportunidades para que existam maneiras diferentes de ser um sujeito, diferentes modos de levar a vida e ser humano. Tende a transformar uma posição contingente do sujeito – o sujeito como consumidor – em algo que é inevitável e quase se torna natural; um modo de subjetividade para o qual não há alternativa. O fato de que fazer compras se tornou uma das atividades mais significativas na vida de muitas pessoas confirma que a posição-do-sujeito "sugerida" pelo capitalismo global tem sido internalizada e "naturalizada".

Bildung: *criando um espaço mundano*

Como devemos abordar a questão da humanidade do ser humano em face desses desafios? E que tipo de resposta educacional resultaria disso? Deixem-me retornar aos três desafios na ordem inversa.

Argumentei que o capitalismo global está interessado somente num modo de subjetividade, a do sujeito como consumidor. Mais do que apenas interesse, o capitalismo global promove ativamente essa posição do sujeito por meio de uma série de diferentes operações e estratégias. O capitalismo global não está interessado no que torna os indivíduos singulares e únicos, isto é, a não ser que seja em termos do estilo de vida. Mas, do ponto de vista do consumo, todos os indivíduos são intercambiáveis; não importa *quem* consome, desde que haja consumidores suficientes. Se, seguindo uma dimensão-chave da tradição de *Bildung*, vemos nossa responsabilidade educacional como uma responsabilidade pela humanidade do ser humano, é claro que devemos resistir à sugestão de que todos os seres humanos são simplesmente unidades intercambiáveis. Em resposta à agenda nem-tão-oculta do capitalismo global, precisamos compreender nossa responsabilidade educacional como uma responsabilidade pela singularidade e pela unicidade de cada ser humano individual.

Isso nos traz para a discussão sobre o humanismo. O problema com o humanismo, como argumentei, provém de seu desejo de definir em que consiste a humanidade dos seres humanos. As formas "fortes" de humanismo, que alegam conhecer a real essência do ser humano, impedem claramente modos diferentes de ser humano. Entretanto, o problema com o humanismo não é somente que ele restringe diferentes modos e modelos de subjetividade, mas também que o faz antes de qualquer manifestação de subjetividade. A resposta educacional tem de ser aberta: uma abertura para novos e diferentes modos de ser humano. Essa resposta deve ser, portanto, experimental e experiencial. A questão da humanidade dos seres humanos tem de ser compreendida como uma questão prática, uma questão que requer uma resposta a cada nova manifestação de subjetividade, a cada aparecimento de todo recém-chegado.

Isso não quer dizer, é claro, que qualquer manifestação deve ser simplesmente aceita. A subjetividade não é uma espécie de eu interior que meramente aguarda expressão. Como mostrei nos capítulos anteriores, só podemos nos tornar presença, só podemos vir ao mundo como resultado das maneiras pelas quais os outros respondem a nós. Como Arendt diz tão bem, é a "impossibilidade de continuarmos os senhores únicos do que [nós] fazemos" que constitui a única condição para que nossos inícios possam vir ao mundo (ARENDT, 1977b, p. 220). É por isso que um interesse pela vinda ao mundo de novos inícios e novos iniciadores não acarreta a mera aceitação de qualquer novo início. Antes acarreta um interesse pela dinâmica e pelas complexidades do tecido social em que os recém-chegados iniciam, isto é, o reconhecimento do fato de que sempre agimos sobre seres que não só são capazes de suas próprias ações, mas cuja vinda ao mundo depende tanto de nossa resposta quanto nossa vinda ao mundo depende das respostas deles. Esse é o dilema da ação humana, e não há solução fácil. O que é necessário, repetidas vezes, é um julgamento "renovado".

Se reunimos esses pontos e perguntamos como podemos conectá-los com a tradição de *Bildung*, compreendida como uma tradição interessada pela humanidade dos seres humanos, para dar uma resposta aos desafios que enfrentamos hoje, torna-se claro que a responsabilidade educacional deve realmente focalizar a vinda ao mundo de seres únicos, singulares. Não consiste na produção de identidades ou subjetividades particulares por meio da aplicação de tecnologia educacional, tampouco na criação de uma ordem social por meio de intervenções educacionais particulares. É importante não esquecer, entretanto, que o mundo não é um lugar neutro. O mundo, como o espaço em que a liberdade pode aparecer (Arendt), é necessariamente um mundo de pluralidade e diferença. Isso significa, entretanto, que a responsabilidade educacional, a responsabilidade do educador, não é apenas uma responsabilidade pelos "recém-chegados" – é, ao mesmo tempo, uma responsabilidade pelo mundo. É a responsabilidade de criar e manter a existência de um "espaço mundano" por meio do qual novos inícios podem se tornar presença.

Mas como fazemos isso? O que implica criar e manter a existência de um "espaço mundano", um espaço de outridade e diferença? Esse ato de criação é possível, ou requer mais uma vez uma tecnologia educacional? Para encontrar uma resposta à questão – ou ao menos compreender as consequências de formular essas questões – quero agora me voltar ao campo da arquitetura para ver o que podemos aprender com aqueles cujo interesse principal é precisamente a criação do espaço.

Construção [Building]: *criando um espaço mundano*

Qual é a relação entre as construções e seu uso? As construções podem controlar seu uso e, consequentemente, os arquitetos podem controlar os usos dos espaços que projetam? E, sendo assim, essa é a tarefa própria da arquitetura? Não será surpresa que não haja consenso entre os arquitetos sobre as respostas a essas questões e que as ideias tenham igualmente mudado com o passar do tempo. Alguns arquitetos acreditam realmente que é sua tarefa criar espaços que prescrevam certo uso (apropriado). A arquitetura moderna tem visto muitos exemplos do desejo de mudar a sociedade por meio da arquitetura, motivados por agendas conservadoras ou progressistas. Como afirma Ghirardo, o Movimento Modernista na arquitetura foi caracterizado por uma crença apaixonada no "poder da forma para transformar o mundo" e na ideia de que os problemas sociais podiam ser resolvidos por meio da arquitetura "correta" (GHIRARDO, 1996, p. 9). É importante ver que essa tendência não é simplesmente algo do passado. Até hoje os arquitetos e planejadores urbanos estão "tentando fazer a coisa certa" ou ao menos estão tentando não repetir os erros de projeto e planejamento do passado. Em tudo isso, não devemos duvidar da boa intenção dos arquitetos que querem fazer algo diferente. Mas há uma linha extremamente tênue entre o desejo de lidar com os problemas sociais por meio da arquitetura e a criação de novas formas de vigilância e controle que limitam as oportunidades para a ação humana.

Mossbourne Community Academy
[Academia Comunitária de Mossbourne]

Um exemplo notável desse último dilema pode ser encontrado em Mossbourne Community Academy [Academia Comunitária de Mossbourne], uma nova escola pública de bairro pobre em Hackney, no Leste de Londres, Inglaterra. A escola, uma das primeiras escolas de parceria público-privada na Inglaterra, foi projetada pelo célebre arquiteto Richard Rogers, em íntima colaboração com o diretor Michael Wilshaw. O seu objetivo era "criar um ambiente em que as crianças desabrocharão" (Neill, 2004, p. 39). Mas o que essa ideia louvável significa na prática? Em Mossbourne, não há nenhuma sala de professores, de modo que esses não ficam distantes dos alunos. Em vez de uma sala, eles têm espaços reservados espalhados por todo o edifício para torná-los visíveis e acessíveis às crianças. A escola não tem corredores, porque, segundo o diretor, os corredores são o lugar em que a maior parte do *bullying* ocorre. E há paredes de vidro na frente e no fundo de toda sala de aula para que todo mundo possa ver o que está se passando a partir de qualquer ponto de observação na escola. O diretor resume tudo da seguinte maneira: "Se eu tivesse uma folha de papel em branco, eu projetaria uma escola em que se pudesse monitorar facilmente os recantos escondidos e as fendas, onde tudo que está acontecendo pudesse ser facilmente monitorado [...] Um espaço onde os garotos não podem ser localizados, ou os professores se sentem isolados, não funciona. Aqui, de qualquer lugar onde esteja, posso ver as crianças" (Neill, 2004, p. 39).

Esse é o ponto em que o funcionalismo da arquitetura moderna se torna problemático, e onde, nesse exemplo particular, o desejo de criar um ambiente em que as crianças desabrocharão transforma-se numa máquina de vigilância em que se garante o "comportamento apropriado", porque todo mundo e tudo é visível a partir do ponto central de vigilância. Isso não nos lembra apenas do Panopticon [Panóptico – tipo de prisão, projetada pelo filósofo Jeremy Bentham, em que todas as celas são visíveis a partir do centro do edifício] de Bentham; é um Panóptico moderno (ver FOUCAULT, 1995, p. 195-228).

Alfred Lerner Hall

É possível para os arquitetos superar o funcionalismo? Como discuti brevemente no capítulo 2, o trabalho do arquiteto suíço Bernard Tschumi visa precisamente lidar com o desafio do funcionalismo. Na sua obra teórica, Tschumi questionou a noção tradicional de arquitetura como a arte de "marcar as coisas", de "fixar as coisas" (TSCHUMI, 1994a, p. 10). Ele tem questionado a concepção funcionalista de arquitetura que se baseia no modelo de eficiência, isto é, na pressuposição de que há e deve haver "uma coincidência inconsútil entre o espaço e seu uso", em que "a construção [...] deve 'funcionar', respondendo a seu uso designado" (TSCHUMI, 1994a, p. 10). A sugestão de Tschumi é de que não devemos pensar na arquitetura como concernente apenas à criação do espaço, mas que devemos incluir o *uso* do espaço em nossa concepção de arquitetura. É por isso que ele advoga uma definição de arquitetura como "simultaneamente espaço e evento" (TSCHUMI, 1994b, p. 23). Em vez de compreender a não coincidência entre forma e significado, entre espaço e uso, como uma falha, Tschumi argumenta que a força da arquitetura reside precisamente nesse "ponto de não coincidência, de disjunção, de falha [...] entre as (supostas) relações de causa e efeito do... uso e espaço" (TSCHUMI, 1994a, p. 11).

As sugestões de Tschumi não são apenas importantes para superar o funcionalismo e seus excessos. Incluindo os eventos – que, por definição, são imprevisíveis e incalculáveis – na sua definição de arquitetura, ele indica uma forma de arquitetura que seja aberta à manifestação de diferentes formas de subjetividade, diferentes modos de vir ao mundo. Mas duas questões permanecem. O primeiro ponto é que a concepção de arquitetura de Tschumi não resulta necessariamente num espaço mundano, um espaço de encontro e exposição à outridade e à diferença. Embora sua definição possa ajudar os arquitetos a resistir à tentação de "fazer a coisa certa", as construções que projetam e os espaços que criam, usando essa definição, ainda podem acabar sendo usados como espaços monoculturais. Parece, portanto, que algo mais é requerido. A segunda questão com respeito às propostas de Tschumi é se elas realmente fazem alguma diferença na prática arquitetônica. O que realmente significa para um arquiteto projetar um espaço com base na ideia de que a arquitetura é tanto espaço como evento?

Uma questão real é se as próprias construções de Tschumi estão de acordo com as expectativas criadas pela sua obra teórica. A ideia-chave em seu projeto para o Alfred Lerner Hall, o centro estudantil da Universidade Columbia de Nova York, é a inclusão de uma série de corredores e espaços semelhantes a corredores no edifício (TSCHUMI, 2001). A finalidade explícita desses espaços é facilitar os encontros. Embora Tschumi não queira controlar esses encontros – nem sua ocorrência, nem seu "conteúdo" – e a esse respeito ele realmente tentou criar um espaço em que eventos podem ocorrer –, ainda há um vestígio de funcionalismo na sua abordagem, já que tentou projetar o edifício para a *possibilidade* de os encontros ocorrerem. Poderíamos chamar essa abordagem uma forma de *funcionalismo negativo*, pois não pretende prescrever como uma construção deve ser usada e como os usuários devem se comportar, visando, em vez disso, *não* tornar algumas ações e eventos *im*possíveis. (Vou retornar à ideia do funcionalismo negativo no próximo capítulo.) O que é mais difícil de ver nessa construção particular é até que ponto ela consegue servir de instrumento para o evento "real", isto é, a real transgressão da agenda arquitetônica. O Alfred Lerner Hall é um espaço mundano? É usado como um espaço mundano? É um espaço de pluralidade e diferença? Parte do problema com essa construção particular talvez esteja na sua localização, algo pelo qual Tschumi não pode ser considerado totalmente responsável. Embora essa construção facilite definitivamente os encontros, não devemos esquecer que esses só serão encontros entre aqueles que conseguiram entrar na Universidade Columbia, tanto literal como metaforicamente. O centro estudantil da Universidade Columbia é, afinal, parte de um *campus* de máxima segurança de uma rica universidade norte-americana, o que significa que muitos encontros, eventos e transgressões são excluídos desde o início.

Montessori College Oost [Colégio Montessori Oost]

A questão da criação de espaços mundanos também desempenha um papel central na obra do arquiteto holandês Herman Hertzberger. Uma distinção importante na obra de Hertzberger é a que existe entre espaço coletivo e espaço social. O que distingue o espaço social do espaço coletivo é o encontro e a interação. "É o contato social que transforma o espaço coletivo no espaço social" (HERTZBERGER, 2000, p. 135). Espaços coletivos como igrejas e mesquitas são quase exclusivamente organizados em torno de um ponto central no qual é proclamada a mensagem. Da mesma forma, em teatros e auditórios, a atenção é centralmente orientada. Em todas essas situações, "há um conceito de construção totalmente inclusiva que estimula uma concentração e uma harmonia partilhadas entre aqueles que assistem a certos eventos organizados" (p. 135). Embora o espaço coletivo tenha uma função definida na sociedade, Hertzberger enfatiza a necessidade de outro tipo de espaço que "não tenha como alvo uma única e mesma atividade", mas é *organizado* de tal maneira "que qualquer um pode se comportar de acordo com suas próprias intenções e movimentos, e que dessa maneira lhe seja dada a oportunidade de procurar ali seu próprio espaço em relação aos outros" (p. 135). Essa é a qualidade normalmente identificada com a rua e com a cidade. Para Hertzberger, a cidade é "o modelo para a sociedade"; é o "nosso universo e arena onde nos exibimos em companhia, sondamos as situações sociais e nos confrontamos com os outros" (p. 120). Assim, a concepção de cidade de Hertzberger chega perto da ideia de um espaço mundano, um espaço de encontro e diferença. Para Hertzberger, a "cidade" é o espaço onde "estamos continuamente preocupados em nos avaliar, espelhar e confrontar uns contra os outros", porque "não somos nós que determinamos quem somos, mas são principalmente os outros" (p. 120). O "objetivo" da cidade é, portanto, "providenciar para nós a oportunidade de nos inspecionar, avaliar, vigiar e dar de cara uns com os outros" (p. 120).

É importante ver que, para Hertzberger, a cidade é primariamente uma *metáfora* para o que chamo de espaço mundano. Hertzberger não só afirma que "público" e "privado" são conceitos relativos, o que significa que as cidades existentes não são, por definição, espaços sociais, públicos. Ele também enfatiza que os arquitetos "devem continuar a lutar com os meios arquitetônicos e urbanísticos para preservar o caráter aberto dos 'bastiões' privados e a continuidade da rua, a fim de que o coletivo não seja reduzido pelo interesse de consolidar o privado" (p. 134). Um dos maiores interesses de Hertzberger são os espaços quase públicos como o centro comercial e o *campus* universitário de máxima segurança – espaços que podem parecer públicos, mas que são realmente organizados em torno de interesses privados, limitando e restringindo o encontro e a transgressão. É por isso que Hertzberger advoga que as construções usadas coletivamente sejam organizadas "mais como cidades" (p. 137), *e* é nesse ponto que ele vê *uma responsabilidade capital para o arquiteto*.

Hertzberger argumenta que "é necessária uma atitude consciente e resoluta da parte dos projetistas para dar ao espaço dentro de uma construção [...] a qualidade do espaço social" (p. 156). Mas só isso não basta. "Para que uma construção funcione adequadamente, é essencial que seja organizada de tal modo que as pessoas realmente se encontrem umas com as outras" (p. 156). Como os projetistas da Academia de Mossbourne, Hertzberger enfatiza a importância da visibilidade, de "linhas de visão estratégicas" e de "transparência". Mas, ao contrário da Academia de Mossbourne, o interesse de Hertzberger não é por um Panóptico onde todas as coisas e todo mundo sejam visíveis e vigiáveis a partir do centro. Para ele, a visibilidade tem a ver com "as relações visíveis e a possibilidade de encontrar ou evitar os outros" (p. 156). Ele conclui, portanto, que "devemos continuar a pesquisar e procurar formas que transformem nossas construções em mecanismos onde todo mundo cruza o caminho de todos os demais" (p. 172).

Na minha opinião, Hertzberger é não só mais perspicaz que Tschumi a respeito das questões implicadas na criação de espaços mundanos. Acredito também que algumas de suas construções tiveram mais sucesso em responder a esse desafio. Uma de suas construções mais recentes é o "Montessori College Oost" [Colégio Montessori Oost], uma escola para educação vocacional de nível intermediário em Amsterdã. A escola abriga em torno de 1.200 alunos, 95% dos quais vêm de aproximadamente 50 países (BERGERS, 2003, p. 231). A característica mais notável do prédio da escola é o grande átrio com sacadas e balaustradas, que é cortado por inúmeras pontes fazendo as vezes de escadarias. Há escadas, degraus e bancos que servem como áreas para sentar e escrever em quase todos os cantos do edifício. As primeiras experiências com o uso dessa construção sugerem que Hertzberger realmente conseguiu criar um edifício onde todo mundo cruza o caminho de todos os demais, um edifício com o que ele chama de "qualidades urbanas", com oportunidades para encontros, para uso e eventos. As sacadas e escadas criam muitas linhas de visão e, consequentemente, oportunidades para relações visuais. Segundo o diretor da escola Nico Moen, um dos efeitos das extensas linhas de visão é "que os alunos demonstram um maior respeito uns pelos outros, e também exercem certo controle uns sobre os outros de um modo positivo" (p. 231). Um dado bastante interessante é que os únicos espaços sem essa visibilidade – os banheiros – passaram por sujeira e vandalismo e foram cena de disputas. A "solução" para esse problema tem sido retirar as portas que dão para as salas de espera. Embora Moen não esteja inteiramente feliz com essa solução, ele a vê como parte "de uma luta constante para encontrar um equilíbrio entre a supervisão e a privacidade" – que ele considera ser um princípio educacional chave subjacente tanto à abordagem Montessori como ao projeto dessa construção particular.

Conclusão: *o paradoxo* Bildung/Building

A conclusão que pode ser tirada desses exemplos é a impossibilidade de os arquitetos escaparem completamente do funcionalismo. A única forma de saída, claro, é não construir absolutamente nada, mas isso significaria o fim da arquitetura. Isso é o que poderíamos chamar o dilema do arquiteto e o paradoxo da arquitetura. Se quiserem escapar do funcionalismo, se quiserem renunciar ao desejo de controlar, os arquitetos têm de desistir da arquitetura; se, entretanto, os arquitetos quiserem ser arquitetos, se quiserem assumir a responsabilidade do arquiteto, eles têm de ser funcionalistas de uma ou outra maneira. Ambas as opções, em certo sentido, revelam a responsabilidade do arquiteto, ou ao menos a responsabilidade do arquiteto que não deseja controlar o modo como as pessoas usam suas construções. Mas o modo de sair desse dilema – que poderia ser mais bem descrito como um modo de "entrar" – não é escolher uma das duas opções, mas antes levar a sério a contradição e dar-lhe um lugar central na compreensão do que significa ser arquiteto. O dever do arquiteto – que, segundo Derrida (1992, p. 80), inclino--me a chamar de um duplo dever – é precisamente estar comprometido com os espaços e com os eventos, tanto para o projeto como para a transgressão de projeto, tanto para a construção como para seu desfazer.

Esse dever, assim desejo argumentar, não é diferente para os educadores. Neste capítulo e nos capítulos anteriores, argumentei que a educação, distinta da socialização, isto é, da inserção de recém-chegados numa ordem existente, acarreta uma responsabilidade pela vinda de seres únicos, singulares ao mundo. Isso não é algo que possa ser compreendido de maneira técnica, porque não existe nenhuma tecnologia que produza seres únicos, singulares. Mas, se a existência de espaços mundanos, espaços de pluralidade e diferença, é a condição para os indivíduos virem ao mundo como seres únicos, singulares, então isso significa que a responsabilidade do educador é antes de tudo uma responsabilidade pela criação desses espaços mundanos, espaços com "qualidade urbana", como Hertzberger diria. O paradoxo é que a "mundanidade" desses espaços tampouco pode ser produzida de qualquer maneira técnica. Como delineei no capítulo 3, a comunidade daqueles que não têm nada em comum – o que pode ser lido como uma definição de espaços mundanos – só existe na *interrupção* da comunidade racional, a comunidade da lógica, racionalidade, ordem, estrutura e propósito. Mas isso não quer dizer que os educadores não devem fazer absolutamente nada, porque isso também significaria renunciar à sua responsabilidade educacional. A responsabilidade do educador, como desejo sugerir, reside precisamente num interesse pela combinação paradoxal – ou desconstrutiva – da *educação e seu desfazer.* Como concluí no capítulo 3, os educadores e os professores devem estar cientes de que aquilo que rompe a operação fluente da comunidade racional não é necessariamente um distúrbio do processo educacional, mas poderia muito bem ser o próprio ponto em que os estudantes começam a encontrar sua própria voz única, responsiva e responsável. Isso também mostra que a responsabilidade do educador, a responsabilidade educacional, é uma responsabilidade por algo que não pode ser conhecido de antemão – é uma responsabilidade *sem* conhecimento daquilo pelo qual se é responsável.

CAPÍTULO 6

A educação e a pessoa democrática

Nos capítulos anteriores, apresentei um modo diferente de compreender e abordar a educação, um modo que não se baseia numa verdade sobre o ser humano, um modo que não afirma conhecer em que consiste a humanidade do ser humano e um modo que não pensa na educação como a produção de identidades e subjetividades particulares ou como a inserção de recém-chegados numa ordem social existente. Em vez disso, argumentei em prol de uma abordagem que focaliza as múltiplas maneiras em que os seres humanos como indivíduos únicos e singulares vêm ao mundo. Argumentei que vimos ao mundo como seres únicos e singulares pelas maneiras em que assumimos nossa responsabilidade pela outridade dos outros, como acontece naquelas situações em que falamos com nossa própria "voz", e não com a voz representativa da comunidade racional. Mostrei que o mundo em que nos tornamos presença é um mundo de pluralidade e diferença, pois só podemos vir ao mundo se outros, que não são como nós, adotam nossos inícios de tal maneira que possam também introduzir os seus inícios no mundo. Argumentei, portanto, que a responsabilidade educacional não é apenas uma responsabilidade pela vinda ao mundo de seres únicos e singulares; é também uma responsabilidade por um mundo de pluralidade e diferença. A criação desse mundo, a criação de um espaço mundano, não é algo que possa ser feito de maneira direta. Acarreta antes um "dever duplo" em relação à criação de espaços mundanos e a seu desfazer. Segundo essas linhas, tentei articular um modo de compreender a educação que responda aos desafios que enfrentamos hoje, inclusive o desaparecimento de uma linguagem da educação na era da aprendizagem.

Neste capítulo, quero mostrar como esse modo diferente de compreender e abordar a educação poderia fazer diferença. Focalizo uma das questões centrais da educação moderna: o papel da educação numa sociedade democrática. No que segue, apresento uma compreensão da educação democrática que não considera a educação democrática em termos da produção de cidadãos democráticos, mas antes reconfigura a democracia e a educação democrática em torno dos conceitos e ideias-chave que tenho proposto neste livro.

Democracia e educação revisitadas

As questões sobre democracia sempre estiveram intimamente entrelaçadas com as questões sobre educação. Desde seu início na *pólis* de Atenas, tanto os pensadores políticos como os educacionais têm perguntado que tipo de educação prepararia melhor o povo (*demos*) para sua participação no governo (*kratos*) de sua sociedade. Embora nosso complexo mundo global guarde pouca ou nenhuma semelhança com a *pólis* de Atenas, a questão da relação entre educação e democracia é tão importante e urgente hoje quanto era naquela época. Nas democracias novas e emergentes, considera-se que as escolas tenham um papel central a desempenhar na formação de cidadãos democráticos e na criação de uma cultura democrática. Em democracias antigas e estabelecidas, a educação é vista como central para a preservação da vida democrática, sendo hoje frequentemente convocada a agir contra a apatia política, especialmente entre os jovens. A crescente marquetização da educação e a subsequente perda do controle democrático sobre as escolas é mais uma razão para que, em muitos países ao redor do mundo, as questões sobre a relação entre educação e democracia estejam novamente no topo da agenda (ver, por exemplo, TORRES, 1998; SALTMAN, 2000; MCLAUGHLIN, 2000; MCDONNELL *et al.*, 2000; MCNEIL, 2002; WELLS; SLAYTON; SCOTT, 2002; BIESTA, 2004a).

Mas como devemos compreender a relação entre democracia e educação? E qual é o papel das escolas numa sociedade democrática? Neste capítulo, argumento que uma resposta a essas perguntas depende crucialmente de nossas visões sobre a pessoa democrática (ver também WESTHEIMER; KAHNE, 2004). Dito em termos mais filosóficos: depende de nossas ideias sobre o tipo de subjetividade que se considera desejável ou necessário para uma sociedade democrática. Um linha influente de pensamento defende que a democracia precisa de indivíduos racionais que sejam capazes de seus próprios julgamentos livres e independentes. Essa ideia, que foi formulada pela primeira vez pelos filósofos do Iluminismo há mais de dois séculos e continua influente até os dias de hoje (ver, por exemplo, RAWLS, 1993; 1997; HABERMAS, 1996; DRYZEK, 2000), conduziu à crença de que é tarefa das escolas "criar" ou "produzir" tais indivíduos. Fomenta a ideia de que as escolas devem "preparar" as crianças "para a democracia", instilando nelas o conhecimento, as habilidades e as disposições que as transformarão em cidadãos democráticos.

Há, entretanto, vários problemas com essa visão da educação democrática. O primeiro é que esse modo de pensar se fundamenta numa concepção *instrumentalista* de educação democrática, uma visão em que a educação é vista como um instrumento para gerar a democracia – e, por isso, como a instituição que pode ser convenientemente acusada se fracassar em seu intento. O problema aqui é que as escolas são manobradas para assumir uma posição em que parecem ter de arcar com toda a responsabilidade pelo futuro da democracia (e todos sabemos com que facilidade os políticos apontam o dedo para a educação quando há problemas com a democracia). Não se trata apenas de que não é justo sobrecarregar as escolas com essa tarefa; é também irrealista supor que as escolas podem "criar ou romper" a democracia. O segundo problema com a ideia da educação como "produção" da pessoa democrática é que ela acarreta uma *abordagem individualista da educação democrática*, na qual os esforços educacionais se concentram em equipar os indivíduos com o conjunto adequado de conhecimento, das habilidades e das disposições democráticos, sem formular perguntas sobre suas relações com os outros e sobre o contexto social e político em que aprendem e agem. Isso está intimamente conectado com o terceiro problema, que é o fato de essa visão da educação democrática se basear numa *visão individualista da própria democracia*, uma visão em que se supõe que o sucesso da democracia depende do conhecimento, das habilidades e das disposições dos indivíduos e de sua inclinação como indivíduos a agir democraticamente. O que é particularmente problemático aqui é a pressuposição de que a democracia somente é possível se todos os cidadãos são "adequadamente" educados e agem de acordo com essa condição. A questão gerada por esse pensamento é se levamos a democracia suficientemente a sério ao supor que só pode existir quando fundamentada numa identidade comum. O desafio da democracia não reside precisamente em nossa capacidade de viver junto com aqueles que não são como nós (ver Säfström; Biesta, 2001)?

Neste capítulo, quero propor uma compreensão diferente de educação democrática, uma compreensão que *não* esteja centrada em torno da ideia de que a educação democrática consiste na "produção" da pessoa democrática, uma compreensão que *não* conceba a pessoa democrática como um indivíduo isolado com um conjunto predefinido de conhecimentos, habilidades e disposições, e uma compreensão em que se reconheça que a democracia consiste em pluralidade e diferença, e não na identidade e na uniformidade. Desejo investigar, em outras palavras, se é possível superar o instrumentalismo e o individualismo que são característicos da ideia de educação democrática como a "produção" da pessoa democrática. Acredito ser importante questionar essa compreensão de educação democrática não só por causa das expectativas irrealistas que gera a respeito do que as escolas podem realmente alcançar, mas também em razão do fato de que sobrecarrega as escolas com o peso do futuro da democracia e demanda nesse sentido muito pouco da sociedade em geral. O foco deste capítulo está numa discussão de três concepções da pessoa democrática: uma concepção individualista, uma concepção social e uma concepção política da subjetividade democrática. Argumento que a última visão, que se inspira principalmente em Hannah Arendt e se constrói sobre ideias apresentadas em capítulos anteriores, proporciona-nos um meio de superar o instrumentalismo e o individualismo na teoria e na prática da educação democrática. Argumento também que essa visão pode nos ajudar a ser mais realistas sobre o que se pode esperar das escolas e outros lugares institucionalizados de educação, além de nos ajudar a ser mais claros sobre o que se pode esperar da sociedade em geral. Concluo que as escolas não podem nem criar, nem salvar a democracia. Só podem sustentar sociedades em que a ação democrática e a subjetividade democrática sejam possibilidades reais.

Definindo a democracia

Qualquer discussão sobre democracia propõe questões sobre sua definição. Embora o significado literal de democracia não seja difícil de compreender – governo (*kratos*) pelo povo (*demos*) –, interpretações diferentes do que democracia poderia significar têm sido propostas ao longo do tempo (ver, por exemplo, HELD, 1987; 1995; GUTMANN, 1993; MOUFFE, 1992). Essas interpretações não só diferem na sua resposta à questão do real significado de governo (por exemplo, participação direta ou representação indireta) e de quem deve ser considerado "o povo" (por exemplo, homens livres, proprietários de terra, mulheres, crianças, todos os seres humanos). Elas também diferem na sua justificação da ideia (do ideal) de democracia, que vai desde a democracia como o contexto perfeito para o florescimento humano até a democracia como "a pior forma de governo à exceção de todas as outras formas que foram tentadas" (Winston Churchill).

Um dos principais problemas com a ideia (o ideal) de democracia é que ela se tornou um conceito com o qual poucas pessoas não querem se ver associadas. Como Held observa corretamente, "quase todo mundo hoje se declara democrata, não importa se suas opiniões estão à esquerda, no centro ou à direita" (HELD, 1987, p. 1). Existe, portanto, o perigo real de que a democracia tenha tantos significados que deixe de significar realmente alguma coisa. Em resposta a isso, alguns têm argumentado que devemos compreender a democracia como um "conceito essencialmente contestado" (GALLIE, 1955), isto é, um conceito cujo significado é constantemente questionado e debatido, não porque as pessoas não concordem com sua definição, mas porque a própria ideia de democracia exige uma contínua discussão e reavaliação do que ela realmente significa e acarreta. É o que John Dewey tinha em mente quando escreveu que a própria ideia de democracia "tem de ser constantemente descoberta, e redescoberta, refeita e reorganizada" (DEWEY, 1987a, p. 182). Como devemos, então, definir democracia?

Poderíamos usar a definição ampla de democracia proposta por Abraham Lincoln como "o governo do povo, pelo povo e para o povo" (LINCOLN, citado em TORRES, 1998, p. 159). Beetham e Boyle, em seu livro sobre democracia encomendado pela Organização das Nações Unidas para a Educação, a Ciência e a Cultura

(Unesco), sugerem uma definição um pouco mais precisa de democracia ao afirmarem que ela acarreta "os princípios gêmeos de *controle popular* sobre a tomada de decisão coletiva e *igualdade de direitos* no exercício desse controle" (BEETHAM; BOYLE, 1995, p. 1). Sua definição encarna o ideal de que as decisões que tenham influência sobre toda uma associação devem ser tomadas por todos os seus membros, e que cada um deve ter direito igual a participar dessa tomada de decisão. Assim, sua definição sugere o *insight* de Dewey de que a democracia é "mais que uma forma de governo", é "primariamente um modo de vida associada" (DEWEY, 1966, p. 87). Essa concepção social da democracia (FESTENSTEIN, 1997) reconhece que a democracia não consiste exclusivamente em tomar decisões coletivas no domínio público, mas tem a ver com participar de forma mais geral na "construção, manutenção e transformação" da vida social e política (ver BERNSTEIN, 2000, p. xxi; ver também BARBER, 1984; 1998). Uma concepção social da democracia expressa, com outras palavras, que a democracia consiste em modos inclusivos de ação política e social.

Se isso basta como definição operacional de democracia, como se pode compreender a relação entre democracia e educação? Vou me referir às respostas mais correntes a essa questão como "educação *para a* democracia" e "educação *por meio da* democracia".

Educação para a *democracia*

O modo mais comum de se compreender a relação entre a democracia e a educação é aquele em que o papel da educação é visto como o de *preparar* as crianças – e os "recém-chegados" de forma mais geral – para sua futura participação na vida democrática. Nessa abordagem, o papel da educação democrática é considerado triplo: (1) ensinar sobre a democracia e os processos democráticos (o componente *conhecimento*), (2) facilitar a aquisição de habilidades democráticas como deliberar, tomar decisão coletiva e lidar com a diferença (o componente *habilidades*) e (3) sustentar a aquisição de uma atitude positiva em relação à democracia (o componente *disposição* ou *valores*).

Muitos políticos e especialistas em educação acreditam que as escolas e outras instituições educacionais têm um papel crucial a desempenhar: preparar a próxima geração para sua participação na democracia. Podemos encontrar essa linha de pensamento expressa em títulos de livros como *Schooling for democracy* [*Instruindo para a democracia*] (Giroux, 1989), *Educating the democratic mind* [*Educando a mente democrática*] (Parker, 1995), *Creating citizens* [*Criando cidadãos*] (Callan, 1997) ou *Developing democratic character in the young* [*Desenvolvendo o caráter democrático nos jovens*] (Soder et al., 2001). Amy Gutmann, em seu *Democratic education* (1987), exemplifica também essa visão quando ela define a educação política como o processo do "cultivo das virtudes, conhecimento e habilidades necessários para a participação política", e argumenta que o objetivo da educação política é que ela "*prepara* os cidadãos para participar na reprodução consciente de sua sociedade" (Gutmann, 1987, p. 287; grifos meus).

Não há dúvida de que a preparação das crianças e de outros recém-chegados para seu papel na democracia é uma tarefa importante para as escolas e outras instituições educacionais (embora, como vou argumentar a seguir, haja questões importantes a serem formuladas sobre a natureza exata dessa "preparação"). Um dos pontos-chave em recentes debates é se as escolas devem *promover* ativamente a democracia (o componente disposição ou valores) ou se devem apenas se concentrar no ensino do conhecimento sobre democracia e na aquisição de habilidades democráticas (os componentes conhecimento e habilidades). Carr e Hartnett, em seu livro sobre educação democrática, afirmam que o objetivo primário da educação para a democracia deve ser "assegurar que todos os futuros cidadãos sejam equipados com o conhecimento, os valores e as habilidades do raciocínio deliberativo minimamente necessário para sua participação na vida democrática de sua sociedade" (CARR; HARTNETT, 1996, p. 192). Gutmann adota a visão semelhante de que "uma sociedade que sustenta sua reprodução social consciente deve educar todas as crianças educáveis para serem *capazes* de participar na modelagem coletiva de sua sociedade" (GUTMANN 1987, p. 39; grifos meus). Portanto, ambos parecem se abster da ideia de que as escolas devem promover ativamente a democracia e os valores democráticos.

Educação por meio da *democracia*

Embora haja muito boas razões para apoiar o impulso da educação *para a* democracia, há um limite para o que pode ser alcançado por meio de tentativas deliberadas de ensinar democracia. Como tem mostrado a pesquisa sobre socialização política, os estudantes não aprendem apenas com o que lhes está sendo ensinado; eles também aprendem – e frequentemente aprendem mais e com mais força – com muitas das outras situações em que participam (ver, por exemplo, TORNEY-PURTA *et al.*, 2001). As escolas podem ter currículos exemplares para o ensino da democracia e cidadania, mas, se a organização interna de uma escola não é democrática, isso terá sem dúvida um impacto negativo sobre as atitudes e disposições para com a democracia.

É precisamente por essa razão que muitos educadores têm argumentado que a melhor maneira de educar *para a* democracia é *por meio da* democracia, isto é, por meio de formas democráticas de educação. Em seu *Democratic schools* (1995), Apple e Beane explicam que a instrução democrática acarreta tanto a criação de "estruturas e processos democráticos pelos quais se desenvolve a vida na escola" como a criação de "um currículo que dará aos jovens experiências democráticas" (APPLE; BEANE, 1995, p. 9). Os exemplos que fornecem revelam que a instrução democrática é possível, embora não seja absolutamente fácil. Requer uma atenção contínua à qualidade democrática da escola e ao ambiente de aprendizagem de maneira mais geral. Apple e Beane enfatizam que é "nos detalhes da vida de todos os dias", e não "na pomposa retórica política", que "o significado mais poderoso de democracia é formado" (APPLE; BEANE, 1995, p. 103).

Instruir *por meio da* democracia pode ser assim visto como um modo específico de instruir *para a* democracia, um modo de afirmar que a melhor maneira de preparar para a democracia é por meio da participação na própria vida democrática. Esse argumento estende-se, é claro, à vida fora das paredes da escola. Embora a escola ocupe um lugar importante nas vidas dos jovens, eles também vivem e aprendem em casa, na rua, como consumidores, como usuários da internet, e assim por diante (ver BIESTA; LAWY, no prelo). De um ponto de vista educacional, portanto, é também importante propor questões sobre a qualidade democrática desses ambientes. É com isso em mente que aqueles que propõem formas participativas de democracia têm argumentado que "a função principal da participação na teoria da democracia participativa é [...] educativa" (PATEMAN, 1970, p. 42). A pressuposição aqui é que a experiência da participação "vai desenvolver e promover a personalidade democrática" (p. 64).

Democracia como um problema para a educação?

Embora haja diferenças significativas entre a "educação *para a* democracia" e a "educação *por meio da* democracia", elas são semelhantes em ao menos um aspecto, na medida em que ambas se concentram na melhor maneira de preparar as crianças e os jovens para sua futura participação na democracia. Ao se concentrarem na *preparação dos indivíduos* – quer equipando-os com o conjunto "correto" de conhecimento, habilidade e disposições, quer fomentando neles as qualidades da personalidade democrática – as duas abordagens procuram dar uma resposta à questão de como a pessoa democrática pode ser mais bem criada ou engendrada. A esse respeito, tanto a educação *para a* democracia como a educação *por meio da* democracia exibem instrumentalismo e individualismo na sua abordagem da educação democrática. Um modo de formular essa observação é dizer que as duas abordagens concebem a democracia *como um problema para a educação*: um problema que é "passado" aos educadores, isto é, ele é definido em outra parte, e para o qual os educadores, as escolas e outras instituições educacionais têm de providenciar uma solução (pela qual, como disse antes, podem ser acusados se as coisas derem errado com a democracia).

Entretanto, a questão é saber se essa é a única maneira possível de compreender o papel da educação numa sociedade democrática. Desejo sugerir que a maneira como respondemos a essa questão depende de nossas visões sobre a pessoa democrática. Nas próximas seções, vou apresentar três respostas à questão sobre o que constitui o sujeito democrático: a concepção *individualista* da pessoa democrática proposta por Immanuel Kant, a concepção *social* apresentada por John Dewey e a concepção *política* proposta por Hannah Arendt. Argumentarei que a visão individualista de Kant leva realmente à conclusão de que a educação deve "produzir" o indivíduo democrático. A concepção social de Dewey reconhece que a pessoa democrática não pode ser criada em isolamento, mas só pode surgir por meio da participação na vida democrática. Embora Dewey tenha uma concepção social da pessoa democrática, sua visão da educação democrática ainda é caracterizada pelo instrumentalismo e individualismo. A concepção política da subjetividade democrática apresentada por Arendt torna possível ir além da ideia de educação como produtora e salvaguarda da democracia.

Immanuel Kant: uma concepção individualista da pessoa democrática

A filosofia de Kant tem suas raízes no Iluminismo europeu. Os pensadores do Iluminismo como Kant reagiram à situação política mutável naqueles países europeus que viviam uma transição do governo absolutista para formas mais democráticas de governo (muito especialmente a Prússia, a França e a Escócia). Isso provocou questões sobre as qualidades que seriam necessárias para que as pessoas fossem cidadãos efetivos na sociedade civil. Provocou questões, em outras palavras, sobre o tipo de subjetividade necessária para tornar a democracia possível. A resposta dada pelos filósofos do Iluminismo foi que uma sociedade democrática precisa de indivíduos que possam decidir e pensar por si mesmos. Kant captou isso muito bem quando descreveu o lema do Iluminismo como *"Sapere aude!"* – ter a coragem de exercer seu próprio entendimento (ver KANT, 1992, p. 90).

A resposta de Kant à questão sobre o tipo de subjetividade necessário numa democracia focou a capacidade de os indivíduos fazerem uso de sua própria razão sem orientação de outro. Isso já revela a tendência individualista na concepção da pessoa democrática apresentada por Kant. Para esse filósofo, a pessoa democrática é aquela que pode pensar por si mesma, que pode fazer seus próprios julgamentos sem ser guiada por outros. O sujeito kantiano é, portanto, um sujeito racional e um sujeito autônomo, sendo tarefa da educação democrática liberar o potencial racional do sujeito humano.

Como argumentei antes, as ideias de Kant sobre a subjetividade como autonomia racional tiveram um imenso impacto na teoria e na prática educacionais modernas. Há, por exemplo, linhas diretas de Kant para a obra de Piaget e Kohlberg, cujas teorias do desenvolvimento cognitivo e moral são construídas, respectivamente, sobre a epistemologia e a filosofia moral de Kant. A ideia da autonomia racional é também um princípio orientador para a educação liberal e desempenha um papel central em discussões sobre o pensamento crítico como um ideal educacional. Alguns até argumentam que a autonomia racional não é simplesmente um objetivo educacional, mas é o único objetivo de toda a educação (uma discussão crítica dessa ideia é encontrada em BIESTA; STAMS, 2001). O pensamento de Kant também influenciou fortemente a educação democrática, tanto de forma direta, com a ideia de que a tarefa da educação democrática reside na criação da pessoa autônoma racional, como de forma indireta, com a ideia de que a educação consiste na produção da subjetividade racional.

Embora tenha sido muito influente, a compreensão kantiana da subjetividade também foi ferozmente criticada, tanto por seu individualismo como por seu racionalismo. Pensadores como Nietzsche, Freud e Foucault argumentaram, cada um à sua maneira, que a origem da subjetividade não deve ser encontrada no próprio pensamento racional do sujeito, mas que a subjetividade é constituída por forças e processos que estão além do controle racional. Habermas também criticou o racionalismo individualista de Kant, argumentando que a racionalidade não é fruto da consciência individual, mas surge da vida da comunicação. Num estado de espírito semelhante, pragmáticos como George Herbert Mead e John Dewey têm questionado a estrutura de Kant, tanto por seu individualismo como por seu racionalismo. Para a minha discussão, Dewey é o pensador mais significativo, porque sua crítica da concepção de subjetividade de Kant e a alternativa por ele apresentada estão intimamente ligadas a questões sobre educação e democracia.

John Dewey: uma concepção social da pessoa democrática

Em certo sentido, a concepção da subjetividade proposta por Dewey está o mais distante possível da abordagem kantiana. Enquanto para Kant tudo começa com a atividade pensante do ser racional – Kant escreve literalmente que o "eu penso" (*Ich denke*) é o "ponto mais elevado a que devemos atribuir todo o emprego do entendimento" (KANT, 1929, p. 134) – Dewey sustenta que a mente não é "um dado original", mas representa "algo adquirido" (DEWEY, 1980, p. 60). É "antes o fruto de uma vida de associação, comunicação, transmissão e acumulação do que uma causa prévia já pronta dessas coisas" (p. 60-61). Essa é a Revolução Copernicana confessada pelo próprio Dewey, na qual "o antigo centro era a mente" e o "novo centro são interações indefinidas" (DEWEY, 1984, p. 232). Contra a "falsa psicologia da consciência individual original" (DEWEY, 1983, p. 62), Dewey apresenta os seres humanos como "organismos *aculturados*" (DEWEY, 1988, p. 15), isto é, organismos vivos que, por meio de sua interação com um ambiente social, formam seus hábitos, inclusive os hábitos de pensamento e reflexão.

A interação com um ambiente social não é um processo numa só direção, em que os recém-chegados simplesmente adotam os significados e os padrões de ação existentes no grupo ou na cultura de que fazem parte. A interação é participação, e a participação é central para a compreensão da comunicação apresentada por Dewey. Para Dewey, a comunicação não é a transferência de um significado, de alguém que envia para alguém que recebe. É um processo de fazer algo em comum "em pelo menos dois centros diferentes de comportamento" (DEWEY, 1958, p. 178); é "o estabelecimento da cooperação numa atividade em que há parceiros, e em que a atividade de cada um é modificada e regulada pela parceria" (p. 179). A comunicação é, portanto, um processo inteiramente *prático*

(BIESTA, 1994) em que padrões de ação são formados e transformados, em que significados são partilhados, recriados e reconstruídos, e por meio do qual os indivíduos crescem, mudam e se transformam.

Dewey, é claro, não quer negar que os seres humanos têm capacidade de pensar e refletir e que, sob esse aspecto, são seres racionais. O que ele quer questionar é toda a tradição filosófica em que se pressupõe que essa capacidade seja um dote inato. "Inteligência e significado", como ele escreve em *Experience and nature*, "são consequências naturais da forma peculiar que a interação às vezes assume no caso de seres humanos" (DEWEY, 1958, p. 180). A "realidade da mente", como ele escreve em outra parte, "é dependente da educação determinada pelas condições sociais" (DEWEY, 1954, p. 209). Pode-se dizer, portanto, que a capacidade de pensar e refletir – a que Dewey se refere como "inteligência" – tem uma origem social, o que é um modo de afirmar que Dewey sustenta uma concepção social da subjetividade.

Num sentido mais geral, podemos dizer que, para Dewey, só nos tornamos quem somos por meio de nossa participação num ambiente social. Isso é o que Dewey tem em mente quando escreve que a educação é uma "função social, assegurando direção e desenvolvimento nos imaturos por meio de sua participação na vida do grupo a que pertencem" (DEWEY, 1966, p. 81). Se assim é, então há questões educacionais importantes a serem examinadas sobre a "qualidade" da vida em que os imaturos (termo de Dewey) ou os recém-chegados (meu termo) participam e aprendem. Esse é precisamente o argumento de Dewey em *Democracy and education*, quando ele afirma que um grupo social, em que há muitos interesses diferentes e em que há uma plena e livre interação com "outras formas de associação", deve ser preferido a um grupo social que é isolado de outros grupos e que só é mantido unido por um número limitado de interesses. No primeiro tipo de associação, há muitas oportunidades para que os indivíduos se desenvolvam e cresçam, enquanto no último tipo essas oportunidades são limitadas e restritas. A educação que essa sociedade proporciona, escreve Dewey, é "parcial e distorcida" (DEWEY, 1966, p. 83). Por outro lado, um grupo ou sociedade em que muitos interesses são partilhados e em que há "uma interação plena e livre com outras formas de associação" (p. 83) assegura uma "liberação de poderes" (p. 87). O "alargamento da área de interesses partilhados" e a "liberação de uma maior diversidade de capacidades pessoais" são precisamente o que caracteriza uma "sociedade democraticamente constituída" (p. 87).

É importante ver que Dewey não está simplesmente dizendo que uma sociedade mais plural proporciona mais oportunidades entre as quais os indivíduos podem escolher ao desenvolverem seus poderes e capacidades. Embora essa linha de pensamento seja parte da concepção social de subjetividade proposta por Dewey, ele não concebe a relação entre a sociedade e os indivíduos como um processo numa só direção, em que os indivíduos são modelados pela sociedade. Para Dewey, o importante *não* é a mera existência de interesses diferentes. O crucial é saber até que ponto os interesses diferentes são *conscientemente partilhados*, isto é, até que ponto os indivíduos têm consciência de que suas ações fazem parte do "tecido social" mais amplo, de tal modo que cada indivíduo "tem de reportar sua própria ação à de outros e considerar a ação de outros para dar sentido e direção à sua própria"

(p. 87). Isso acrescenta mais uma dimensão à concepção social da subjetividade proposta por Dewey, na medida em que ele argumenta que ser um sujeito ou, como ele às vezes expressa, um "eu individualizado" (DEWEY, 1954, p. 150) também significa tomar parte em modelar os contextos que por sua vez modelam a individualidade (ver FESTENSTEIN, 1997, p. 70). A ideia do sujeito como um formador das condições que modelam a subjetividade é central na compreensão da pessoa democrática apresentada por Dewey.

O tipo de inteligência que está em jogo na formação das condições que modelam a subjetividade é a inteligência *social*. A inteligência social é tanto um requisito para participar na cooperação inteligente como seu resultado. Como Carr e Hartnett explicam: "Participando nesse processo, os indivíduos desenvolvem aquelas disposições intelectuais com as quais podem reconstruir a si mesmos e a suas instituições sociais de maneiras que conduzem à realização de sua liberdade e à remodelagem de sua sociedade" (CARR; HARTNETT, 1996, p. 59). Para Dewey, é nisso que consiste a democracia, porque numa democracia "todos aqueles que são influenciados pelas instituições sociais [...] têm participação em produzi-las e administrá-las. Os dois fatos – o de que cada um é influenciado, naquilo que faz e desfruta e naquilo que se torna, pelas instituições sob as quais vive, e o de que, portanto, ele terá, numa democracia, uma voz ativa em modelá-las – são o lado passivo e ativo do mesmo fato" (DEWEY, 1987b, p. 218).

Para Dewey, há uma conexão íntima entre democracia e educação. Tal se dá, antes de mais nada, porque ele sustenta que a democracia é aquela forma de interação social que mais facilita e apoia "a liberação das capacidades humanas para seu pleno desenvolvimento" (FESTENSTEIN, 1997, p. 72). E isso acontece, em segundo lugar, porque nos tornamos uma pessoa democrática, isto é, uma pessoa com inteligência social, por meio de nossa participação na vida democrática – o que mostra como o ponto de vista de Dewey exemplifica a ideia da educação *por meio da* democracia. Ao longo dessas duas linhas, podemos ver como a concepção da pessoa democrática apresentada por Dewey supera o individualismo da abordagem kantiana. Nas suas visões sobre *educação* democrática, entretanto, Dewey permanece preso a uma abordagem instrumentalista, já que vê a participação na democracia como a maneira pela qual a pessoa socialmente inteligente é criada ou produzida. A esse respeito, poderíamos até dizer que há um vestígio de individualismo nas suas visões sobre a educação democrática, uma vez que para Dewey a pessoa democrática é um indivíduo com certos "atributos" ou "qualidades" (isto é, inteligência social), sendo um objetivo da educação democrática engendrar esse indivíduo. É precisamente nesse ponto que a obra de Hannah Arendt nos permite desenvolver uma compreensão diferente da subjetividade democrática.

Hannah Arendt: uma concepção política da pessoa democrática

Como discuti no capítulo 4, a concepção de subjetividade proposta por Hannah Arendt está enraizada na sua compreensão da vida ativa, a *vita activa*. A *vita activa* é a vida da *praxis* que Arendt quer restituir a seu lugar apropriado, do qual fora afastada desde o início da filosofia ocidental pela vida da contemplação, *vita contemplativa*. Arendt distingue três dimensões da vida ativa: labor, trabalho e ação. *Labor* é a atividade que corresponde ao processo biológico do corpo humano. *Trabalho*, por outro lado, é a atividade que corresponde à "inaturalidade" da existência humana, tem a ver com a produção, a criação e a instrumentalidade. Diz respeito ao fazer, sendo, portanto, "inteiramente determinado pelas categorias do meio e fim" (ARENDT, 1977b). *Ação*, por outro lado, é a atividade "que acontece diretamente entre os homens [*sic*]", sem "a mediação das coisas e da matéria" (ARENDT, 1977b, p. 7).

Para Arendt, como vimos, agir significa, antes de mais nada, tomar iniciativa, começar algo novo, introduzir algo novo no mundo. Arendt caracteriza o ser humano como um "*initium*", como um "início e um iniciador" (ARENDT, 1977a, p. 170; grifos meus). A ação como um início corresponde ao fato do nascimento, pois a cada nascimento algo unicamente novo vem ao mundo (ver ARENDT, 1977b, p. 178). Mas não é somente quando os seres humanos nascem que algo unicamente novo vem ao mundo. Arendt enfatiza que introduzimos continuamente novos inícios no mundo por meio de tudo o que fazemos.

Seguindo essas linhas, podemos dizer que, para Arendt, a subjetividade tem a ver com a ação: ser um sujeito significa agir, e a ação começa com a introdução dos inícios desse sujeito no mundo. O ponto é, entretanto, que para agir, para *ser* um sujeito, precisamos de outros que reagem a nossos inícios. Se eu começasse algo, mas ninguém reagisse, nada resultaria da minha iniciativa e, consequentemente, meus inícios não viriam ao mundo e eu não *seria* um sujeito. *Eu* não viria ao mundo. Quando, por outro lado, começo algo e os outros adotam realmente meus inícios, eu venho de fato ao mundo, e precisamente nesse momento eu *sou* um sujeito. O problema é, entretanto, que os outros respondem a minhas iniciativas de maneiras que não são previsíveis, porque sempre agimos sobre seres "que são capazes de suas próprias ações" (p. 190). Entretanto, é precisamente a "impossibilidade de permanecermos os senhores únicos do que fazemos" que constitui, ao mesmo tempo, a condição – e a *única* condição – para que nossos inícios possam vir ao mundo (p. 220).

Poderíamos, é claro, tentar controlar as maneiras que os outros respondem a nossos inícios – e Arendt reconhece que é tentador fazê-lo. Mas, se o fizéssemos, transformaríamos os outros seres humanos em instrumentos para alcançar nossos objetivos, o que significa que os destituiríamos de suas oportunidades de ser, de suas oportunidades de se introduzirem no mundo por meio de suas próprias iniciativas. Nós os destituiríamos de suas oportunidades para agir e, portanto, de suas oportunidades para *ser* um sujeito.

Isso significa que a ação, distinta da produção (trabalho), nunca é possível no isolamento. É por isso que Arendt argumenta que "estar isolado é ficar privado da capacidade de agir" (p. 188). Precisamos dos outros, de outros que respondam a nossas iniciativas, que adotem nossos inícios, para que sejamos capazes de agir e, consequentemente, sejamos um sujeito. Isso também significa, como vimos, que a ação nunca é possível sem pluralidade. Assim que eliminamos a pluralidade, assim que apagamos a outridade dos outros tentando controlar como eles respondem a nossas iniciativas, não só privamos os outros de suas ações, mas ao mesmo tempo nos privamos de nossa possibilidade de agir, de vir ao mundo e de ser um sujeito.

Nos termos de Arendt, teríamos deixado a esfera da ação e teríamos entrado no domínio do trabalho. Seguindo essas linhas, Arendt nos fornece uma compreensão da subjetividade humana em que a subjetividade não é mais vista como um atributo de indivíduos, mas é compreendida como uma *qualidade da interação humana*. Arendt argumenta que a subjetividade só existe *na ação* – "nem antes nem depois" (ARENDT, 1977a, p. 153). Como vimos, é por isso que ela sugere que devemos comparar a ação e a subjetividade com as artes performáticas. A principal razão para isso é que os artistas performáticos precisam de um público para mostrar seu "virtuosismo" (Arendt), "assim como os atores [*sic*] precisam da presença de outros diante dos quais possam aparecer" (p. 154). A diferença entre as artes performáticas e as artes criativas não é que as artes criativas – as artes do "fazer" – possam prescindir de um público. O ponto crucial é que a obra de arte do artista performático só existe *na performance* – não antes, não depois. O roteiro de uma peça teatral pode ter durabilidade, assim como uma pintura; mas é só na *performance* da peça teatral que ela como obra de arte existe. Da mesma forma, os indivíduos podem ter conhecimento, habilidades e disposições democráticos, mas é apenas na ação – no sentido de ação que é adotada por outros de maneiras imprevisíveis e incontroláveis – que o indivíduo pode *ser* um sujeito democrático.

Embora pudéssemos nos referir às ideias de Arendt como uma concepção social da subjetividade – Arendt afirma, afinal, que não podemos ser um sujeito no isolamento –, prefiro chamá-la uma concepção *política*. A principal razão para tal é que Arendt sustenta que a *minha* subjetividade só é possível na situação em que outros também podem ser sujeitos. Portanto, nem toda situação social servirá. Naquelas situações em que tentamos controlar as respostas dos outros ou privamos os outros da oportunidade de começar, não podemos vir ao mundo, a subjetividade não é uma possibilidade. Em outras palavras, Arendt relaciona a subjetividade à vida da *polis*, a esfera pública onde vivemos – e *temos de* viver – com outros que não são como nós. É precisamente nesse ponto que podemos ver a ligação com a democracia, na medida em que a democracia pode ser compreendida precisamente como a situação em que todo mundo tem a oportunidade de *ser* um sujeito, isto é, de agir e, por meio de suas ações, introduzir seus inícios no mundo de pluralidade e diferença (ver BIESTA, 2003c).

Educação e a pessoa democrática

A concepção do sujeito democrático apresentada por Kant é claramente individualista. Ele localiza a subjetividade na capacidade do indivíduo para o pensamento racional. Isso não é sem importância, é claro, pois ser um sujeito numa sociedade democrática implica definitivamente a capacidade para o julgamento crítico e independente. Embora desempenhe um papel importante na abordagem de Kant, a educação serve apenas para produzir os poderes racionais que se supõe já existirem de uma ou outra forma. Supõe-se que a educação sustente o processo do desenvolvimento racional do indivíduo. Além disso, Kant pressupõe que os poderes racionais de todos os indivíduos sejam basicamente iguais. A racionalidade não é historicamente ou socialmente contingente, mas universal. Todos os indivíduos podem atingir, em princípio, o estado do esclarecimento, a situação em que podem pensar por si mesmos. Enquanto não tiverem atingido esse estado, seu desenvolvimento ainda não está completo. A concepção de subjetividade proposta por Kant também é, portanto, individualista nas suas implicações educacionais, porque a tarefa que ele designa para a educação tem como alvo o indivíduo isolado. Kant providencia, em outras palavras, um fundamento lógico para uma forma de educação democrática que se concentra no desenvolvimento do conhecimento, das habilidades e das disposições do indivíduo – o que é característico daquilo a que tenho me referido como "educação *para a* democracia". A questão que Kant não propõe é aquela sobre as *condições* sociais, materiais e políticas para a subjetividade.

A concepção social proposta por Dewey revela claramente essas dimensões contextuais. Ele reconhece que só nos tornamos quem somos pela participação num meio social, e que ser um sujeito democrático ou um "eu individualizado" significa participar nas condições que modelam nossa individualidade. Além disso, Dewey reconhece que a inteligência de que precisamos para a participação na vida social não é um dote natural, mas o resultado de nossa própria participação na interação social. Adquirimos inteligência *social* por meio de nossa participação nas formas democráticas de cooperação. Isso coloca a educação numa relação diferente com a democracia, porque com Dewey podemos argumentar que a educação precisa propiciar oportunidades para a formação da inteligência social, o que significa que a própria educação deve ser democraticamente organizada. A concepção da pessoa democrática apresentada por Dewey fornece assim um fundamento lógico para uma forma de educação democrática que se concentra na participação na vida democrática como o modo pelo qual a pessoa democrática é criada – uma abordagem característica do que tenho chamado "educação *por meio* da democracia". Em suas visões sobre a educação democrática, entretanto, Dewey continua preso a uma visão instrumentalista e individualista, na medida em que vê a participação na vida democrática como o modo pelo qual a pessoa democrática é criada ou engendrada, e também na medida em que vê o sujeito democrático como um indivíduo com atributos e qualidades particulares, muito especialmente a qualidade da "inteligência social".

A concepção da pessoa democrática proposta por Arendt introduz um modo diferente de compreender a subjetividade humana. Para Arendt, a subjetividade não é definida pelos atributos de um indivíduo, mas compreendida como uma qualidade da interação humana. Arendt situa nossa subjetividade radicalmente *na* ação – nem antes nem depois. *Somos* um sujeito naquelas situações em que nossas iniciativas são adotadas por outros de tal maneira que as oportunidades para que os outros introduzam suas iniciativas no mundo não sejam obstruídas. Essa linha de pensamento, como vou sugerir na próxima seção, fornece um fundamento lógico para uma abordagem da educação democrática nitidamente diferente das visões resultantes de uma concepção da subjetividade democrática kantiana ou deweyana.

Três questões para a educação democrática

Localizando a subjetividade na esfera da interação humana em vez de "no interior" do indivíduo, Arendt nos permite pensar de maneira diferente sobre a relação entre educação e democracia. Sua concepção política de subjetividade democrática sugere um novo conjunto de questões para a educação democrática. Enquanto as estratégias educacionais tradicionais se concentram na questão sobre como *preparar* as crianças e os recém-chegados para sua futura participação na democracia, Arendt nos exorta a deixar de compreender a educação como o campo da preparação para algo que acontecerá mais tarde. Seguindo Arendt, podemos dizer que a educação não deve ser vista como um espaço de preparação, mas deve ser concebida como um espaço onde os indivíduos podem agir, onde podem introduzir seus inícios no mundo, e com isso podem ser um sujeito. A questão educacional já não é, portanto, como engendrar ou "produzir" indivíduos democráticos. A questão educacional chave é como os indivíduos podem *ser* sujeitos, tendo sempre em mente que não podemos ser continuamente sujeitos, pois só podemos ser sujeitos *em* ação, isto é, em nosso ser com os *outros*.

Do ponto de vista da educação democrática, isso significa que a primeira questão a ser formulada sobre as escolas e outras instituições educacionais não é como elas podem transformar os estudantes em cidadãos democráticos. A questão a propor é antes a seguinte: *De que tipo de escolas precisamos para que as crianças e os estudantes possam agir?* Ou, falando de um modo que pode ser usado para examinar as práticas educacionais reais: *Quanta ação é realmente possível em nossas escolas?*

Poderíamos ler isso como uma questão de Dewey sobre a qualidade democrática das instituições educacionais. Mas, para Dewey e outros que afirmam que a melhor educação *para a* democracia é a educação *por meio da* democracia, a meta abrangente é ainda engendrar ou "produzir" indivíduos democráticos. Para mim, a questão não é como podemos tornar as escolas (mais) democráticas *para que* as crianças e os estudantes se tornem pessoas democráticas. Para mim, a questão é se a subjetividade democrática é realmente possível nas escolas. A questão é, em outras palavras, se as crianças e os estudantes podem realmente *ser* pessoas democráticas na escola. O que precisamos perguntar, portanto, é se as escolas podem ser lugares onde as crianças e os estudantes podem agir – isto é, onde podem introduzir seus inícios num mundo de pluralidade e diferença de tal maneira que seus inícios não obstruam as oportunidades de os outros também introduzirem seus inícios nesse mundo.

O que isso exigiria das escolas? Por um lado, requer um ambiente educacional em que os estudantes tenham uma oportunidade real para começar, tomar iniciativa. Requer um ambiente educacional que não seja exclusivamente voltado para a reprodução das matérias do currículo, mas que permita aos estudantes responder nas suas próprias e únicas maneiras às oportunidades de aprendizagem providenciadas pelo currículo. Isso também requer uma compreensão diferente do próprio currículo, em que esse não seja visto simplesmente como um conjunto de conhecimentos e habilidades que precisa ser transmitido aos estudantes, mas em que as diferentes áreas curriculares sejam exploradas e utilizadas para as oportunidades particulares que permitam aos estudantes introduzir seus inícios únicos no mundo. Requer, por exemplo, que não abordemos a linguagem como um conjunto de habilidades que os estudantes devem simplesmente adquirir, mas que a vejamos como uma prática humana em que os estudantes podem participar e por meio da qual podem encontrar novas maneiras de se expressar, novas maneiras de se introduzir no mundo (ver BIESTA, 2005). Requer ainda mais educadores que demonstrem um real interesse pelas iniciativas e inícios de seus estudantes. E requer um sistema educacional que não seja obcecado por resultados e tabelas classificatórias, mas que permita aos professores despender tempo e esforços para encontrar o equilíbrio delicado entre a criança e o currículo, a fim de que haja chances reais de as crianças e os estudantes empreenderem algo novo, "algo imprevisto por nós" (ARENDT, 1977a, p. 186).

Não devemos esquecer, entretanto, que a ação não consiste apenas em início, consiste também nas maneiras pelas quais esses inícios são adotados pelos outros que, como Arendt nos lembra, não só são capazes de suas próprias ações, mas devem também ter a oportunidade de agir por si mesmos. Portanto, agir, isto é, ser uma pessoa democrática num mundo de pluralidade e diferença, consiste tanto em fazer, falar e introduzir-se no mundo como em escutar e esperar, criando espaços para que os outros comecem, e assim criando oportunidades para que os outros sejam um sujeito. Isso significa que uma escola democrática, uma escola em que a ação é possível, não é uma escola centrada-na-criança, isto é, se compreendemos ser-centrado-na-criança como uma autoexpressão sem consideração pelos outros. A ação é tudo menos autoexpressão; consiste na inserção dos inícios de uma pessoa dentro do complexo tecido social, bem como na sujeição dos inícios de uma pessoa aos inícios de outros que não são como nós. A concepção da pessoa democrática proposta por Arendt exige, portanto, uma abordagem da educação democrática que não seja centrada-na-criança, mas *centrada-na-ação*, uma abordagem que foque tanto as oportunidades para os estudantes começarem quanto a pluralidade como uma condição sem a qual a ação não é possível. Acarreta, portanto, uma responsabilidade educacional dupla: uma responsabilidade em relação a cada indivíduo e uma responsabilidade em relação ao "mundo", o espaço da diferença e pluralidade como condição para a subjetividade democrática.

Embora essas sugestões possam parecer um tanto gerais e abstratas, elas sugerem algumas das condições-chave para a ação ser uma possibilidade nas escolas. A esse respeito, elas se traduzem realmente em sugestões concretas sobre como transformar as escolas em lugares onde a ação poderia acontecer e onde os indivíduos poderiam ser sujeitos, assim como indicam o que poderia obstruir essas oportunidades. As escolas que não mostram interesse pelo que os estudantes pensam ou sentem, onde não há espaço para os estudantes tomarem iniciativa, onde o currículo só é visto como matérias que precisam ser inseridas nas mentes e nos corpos dos estudantes, e onde nunca se leva em conta a questão do impacto dos inícios de uma pessoa sobre as oportunidades de os outros começarem, são claramente lugares onde é extremamente difícil agir e *ser* um sujeito democrático. Mas tais escolas realmente existem, e os jovens têm surpreendentemente muita consciência das limitações que elas impõem à sua capacidade e à capacidade de outros para vir ao mundo e ser um sujeito. É nas rotinas da vida cotidiana que a experiência da democracia é "vivida" e torna-se real. A concepção da pessoa democrática proposta por Arendt não exige, portanto, um currículo que produza o indivíduo democrático, mas requer escolas em que a democracia – compreendida como ação-na-pluralidade – seja uma real possibilidade. Tais escolas não são necessariamente "democráticas" no sentido mais formal, por exemplo, escolas com um parlamento estudantil ou escolas baseadas na ideia de deliberação democrática. Afinal, a deliberação é apenas uma das maneiras em que os indivíduos podem agir, podem ser um sujeito e podem vir ao mundo – e não é necessariamente a maneira apropriada para todo mundo. Não há, portanto, nenhum projeto de como deve ser uma escola democrática, nem existe tampouco uma garantia de que aquilo que funciona em determinado ponto no tempo e em determinada situação vá também tornar a ação possível em outros tempos e lugares. A questão sobre quanta ação é possível nas escolas precisa ser examinada repetidas vezes e requer nossa constante atenção.

Se renunciamos à ideia de que a educação pode produzir o indivíduo democrático, se vemos a subjetividade democrática como algo que tem de ser realizado repetidas vezes, a questão da ação e da subjetividade democrática deixa de ser uma questão que só é relevante para as escolas: estende-se para a sociedade em geral e torna-se um processo de vida inteira. Do ponto de vista da educação democrática, portanto, não devemos perguntar apenas quanta ação é possível nas escolas. Devemos também perguntar: *De que tipo de sociedade precisamos para que as pessoas possam agir?* De mais a mais, essa questão também pode ser formulada como uma investigação sobre a condição democrática da sociedade: *Quanta ação é realmente possível na sociedade?*

Tanto Dewey como Arendt podem nos ajudar a ver que não há motivo para culpar os indivíduos pelo assim chamado comportamento antissocial ou não democrático, porque os indivíduos são sempre indivíduos-em-contexto. O que Arendt nos ajuda a ver é que não devemos esperar que o problema seja resolvido ao se proporcionar aos indivíduos uma educação democrática "apropriada". Os indivíduos realmente importam, mas numa sociedade ou ambiente social em que os indivíduos não têm permissão para agir – ou em que apenas a certos grupos é permitido agir – não podemos esperar que todo mundo ainda se comporte num modo democrático e "apropriado". O que o conceito arendtiano da pessoa democrática revela, portanto, é que não podemos simplesmente culpar a educação pelo fracasso da democracia. A única maneira de aperfeiçoar a qualidade democrática da sociedade é tornar a sociedade mais democrática, isto é, providenciar mais oportunidades para a ação – que é sempre ação num mundo de pluralidade e diferença.

Talvez pareça que a ênfase de Arendt sobre a ação implica que os educadores não têm mais nada a fazer. Não penso que essa conclusão seja correta. O que minhas investigações sugerem, entretanto, é um modo diferente de compreender a relação entre aprendizagem, subjetividade e democracia. Como mostrei, as abordagens tradicionais da educação democrática perguntam como os indivíduos podem aprender a *se tornar* uma pessoa democrática. Se a subjetividade democrática só existe *em* ação, se consiste em vir ao mundo pelas maneiras como os outros respondem e adotam nossos novos inícios, então a questão de aprender não consiste em como se tornar um sujeito, mas *em aprender com o fato de ser e ter sido um sujeito*. A terceira questão para a educação democrática sugerida pelo ponto de vista de Arendt é, portanto, a seguinte: *O que pode ser aprendido com o fato de ser/ter sido um sujeito?*

A aprendizagem em jogo aqui é a aprendizagem com e sobre o que significa agir, vir ao mundo, confrontar a outridade e a diferença em relação a seus próprios inícios. Compreender o que significa ser um sujeito implica também aprender com aquelas situações em que alguém *não* foi capaz de vir ao mundo, em que alguém experimentou por si mesmo o que significa *não* ser capaz de agir. Essa experiência de frustração pode ser, afinal, muito mais significativa e ter um impacto muito mais profundo que a experiência da ação bem-sucedida. O papel das escolas e dos educadores não é, portanto, apenas o de criar oportunidades para a ação – não só permitindo que os indivíduos comecem e tomem iniciativas, como mantendo a existência de um espaço de pluralidade e diferença, o único em que a ação é possível. As escolas e os educadores têm igualmente um papel importante a desempenhar despertando e apoiando reflexões sobre aquelas situações em que a ação foi possível e, talvez ainda mais importante, sobre aquelas situações em que a ação *não* foi possível. Isso poderia fomentar uma compreensão das frágeis condições pessoais, interpessoais e estruturais para que os seres humanos possam agir e possam *ser* um sujeito. Poderia fomentar uma compreensão das frágeis condições para que todo mundo possa ser um sujeito e, com isso, a democracia possa se tornar uma realidade.

Formulando essas três questões – Quanta ação é possível nas escolas? Quanta ação é possível em nossa sociedade? O que pode ser aprendido com o fato de ser/ter sido um sujeito? – proponho desviar nosso pensamento sobre a educação democrática, de uma abordagem que coloca sobre os indivíduos a carga de se comportarem democraticamente e sobre as escolas a de criar indivíduos democráticos, para uma abordagem que concebe a democracia como uma situação em que todos os indivíduos podem ser sujeitos, em que todos podem agir no sentido arendtiano, em que todos podem vir "ao mundo". Como tentei argumentar, isso não significa que todos podemos fazer simplesmente o que quisermos. O *insight* crucial apresentado por Arendt – um *insight* de imensa importância para o "mundo da diferença" (SÄFSTRÖM; BIESTA, 2001) em que vivemos hoje – é que só podemos ser um sujeito num mundo que partilhamos com outros que não são como nós e que são capazes de suas próprias ações. Ser um sujeito, "vir ao mundo", só é possível se nossos inícios são adotados por outros de maneiras sem precedentes, imprevisíveis e incontroláveis. Nesse sentido, ser um sujeito tem realmente a dimensão de estar sujeito ao que é imprevisível, diferente e outro. Mas essa é a condição paradoxal para que a subjetividade apareça e para que a democracia se torne possível.

Conclusão

Desde o Iluminismo, há uma forte tendência na teoria educacional e na prática educacional para pensar a educação como a produção de um sujeito com qualidades particulares, muito especialmente a qualidade da racionalidade. Esse modo de pensar tem influenciado profundamente a teoria e a prática da educação democrática e tem conduzido, como mostrei neste capítulo, a uma abordagem que é instrumentalista e individualista. Neste capítulo, mostrei que o modo como compreendemos e praticamos a educação democrática tem tudo a ver com nossa concepção da pessoa democrática. Apresentei três respostas diferentes para a questão do que significa ser uma pessoa democrática: uma concepção individualista, uma concepção social e uma concepção política da subjetividade democrática. Mostrei que cada uma fornece um fundamento lógico diferente para a educação democrática. Enquanto a concepção individualista e a concepção social estão intimamente ligadas com ideias sobre educação democrática como a produção do indivíduo democrático (quer por estratégias educacionais dirigidas a esse indivíduo, quer por criar oportunidades para que os indivíduos participem na vida democrática), mostrei que há um modo diferente de articular o que significa ser um sujeito democrático e que essa diferente concepção política da subjetividade democrática sugere um conjunto de questões para a educação democrática e aponta para diferentes práticas educacionais.

Tal abordagem já não se concentra na produção de indivíduos democráticos e já não pensa em si mesma como tendo de preparar os indivíduos para uma futura ação democrática. O que as escolas podem fazer – ou ao menos deveriam tentar fazer – é tornar a ação possível e assim criar condições para que as crianças e os estudantes *sejam* sujeitos, para que experimentem o que é e significa ser um sujeito. A aprendizagem relacionado a essa experiência não é algo que vem *antes* da subjetividade democrática, não é um tipo de aprendizagem que produz cidadãos democráticos. A aprendizagem que está em jogo é a aprendizagem que resulta de ter sido ou, como também sugeri, de *não* ter sido um sujeito. É uma aprendizagem sobre as frágeis condições para que a ação e a subjetividade sejam possíveis – tanto a minha subjetividade como a subjetividade de todos os outros. Como a subjetividade não é mais algo que só ocorre ou é criado nas escolas, a abordagem da educação democrática que resulta de minhas considerações recoloca a questão sobre a responsabilidade pela educação democrática no lugar a que realmente pertence, a saber, a sociedade em geral. É uma ilusão pensar que somente as escolas podem produzir cidadãos democráticos. Na medida em que a ação e a subjetividade são possíveis nas escolas *e* na sociedade, as escolas podem executar a tarefa mais modesta e mais realista de ajudar as crianças e os estudantes a aprender e refletir sobre as frágeis condições para que todas as pessoas possam agir, para que todas as pessoas possam ser um sujeito. Uma sociedade em que os indivíduos não são capazes ou não têm a permissão de agir não pode esperar que suas escolas produzam para ela os cidadãos democráticos. A tarefa última para a educação democrática reside, portanto, na própria sociedade, e *não* nas suas instituições educacionais. As escolas não podem criar nem salvar a democracia – só podem sustentar sociedades em que a ação e a subjetividade são possibilidades reais.

EPÍLOGO

Uma pedagogia da interrupção

> *A educação é a posição em que decidimos se amamos o mundo o bastante para assumir a responsabilidade por ele e, pela mesma razão, salvá-lo da ruína que, a não ser pela renovação, a não ser pela vinda do novo e dos jovens, seria inevitável. E a educação é também quando decidimos se amamos nossos filhos o bastante para não expulsá-los de nosso mundo e deixar que façam o que quiserem e que se virem sozinhos, nem para arrancar de suas mãos as mudanças de empreender algo novo, algo imprevisto por nós...*
>
> HANNAH ARENDT

Parece apropriado concluir este livro com essa citação de Hannah Arendt, porque ela capta algumas das ideias centrais que apresentei aqui de maneira tão sucinta. Arendt fala de uma responsabilidade pelo mundo – e de um amor pelo mundo subjacente a essa responsabilidade; ela fala da vinda dos novos e dos jovens; e ela nos faz um apelo para não deixar que os novos e os jovens façam o que quiserem e se virem sozinhos, nem para bloquear as oportunidades de que introduzam algo novo no mundo, algo que, por causa de sua novidade, não pode ser previsto por nós. As palavras de Arendt ecoam meu argumento de que a responsabilidade educacional por seres únicos e singulares se tornarem presença acarreta uma responsabilidade pelo mundo – ou, para ser mais preciso: uma responsabilidade pela *mundanidade* do mundo. Ela também deixa claro que a responsabilidade educacional requer um equilíbrio fino – ou, como chamei: desconstrutivo – entre o compromisso e a abertura. Concentrar-se na vinda de novos inícios e novos iniciadores ao mundo não significa que os educadores devem simplesmente se manter à parte e deixar as coisas acontecerem – o que é a razão de a linguagem da aprendizagem *não* ser a linguagem da educação. Ao mesmo tempo, entretanto, o seu compromisso não deve tentar produzir um tipo particular de subjetividade, não deve tentar gerar um tipo particular de ser humano segundo uma definição particular do que significa ser humano. A responsabilidade do educador é uma responsabilidade pelo que vai acontecer, sem conhecimento do que vai acontecer.

Descrevi o próprio ato de seres únicos e singulares se tornarem presença em termos de responsabilidade. Argumentei que aquilo que nos "torna" únicos, aquilo que nos "permite" falar com nossa própria voz singular, reside nas maneiras como respondemos ao outro, à outridade do outro. Essa não é, como nos lembra Levinas, uma questão de *assumir* uma responsabilidade, porque isso suporia que somos um sujeito, um sujeito autônomo e soberano, antes de nos tornarmos responsáveis. A responsabilidade não é "um simples atributo da subjetividade, como se essa última já existisse em si mesma, antes da relação ética" (LEVINAS, 1985, p. 96). Como Lingis explica, "a subjetividade é aberta a partir de fora pelo contato com a alteridade". (LINGIS, 1981, p. xxi). A subjetividade-como-responsabilidade não é, portanto, um modo diferente de ser, porque "ser de outra maneira é ainda ser" (LEVINAS, 1985, p. 100). Para compreender a unicidade do sujeito humano, devemos ir "além da essência", a um lugar – ou melhor, a um não lugar, a um "sítio-nulo" (LEVINAS, 1981, p. 8) que é *diferentemente de ser* (LEVINAS, 1981). A primeira questão aqui não é a do ser do sujeito, mas a do "meu direito a ser" (LEVINAS, 1989b, p. 86). É, portanto, na "própria crise do ser de um ser" (p. 85), na *interrupção* de seu ser, que a unicidade do sujeito primeiro adquire significado. O que me constitui como este indivíduo único, como este ser singular, é o ponto no tempo (que, segundo Levinas, é realmente o próprio início da temporalidade) em que já não nego a responsabilidade inegável que está à minha espera. É o ponto no tempo em que respondo ao outro, mantendo em mente que essa resposta já é sempre uma resposta a uma "questão", e não um ato de reconhecimento que unicamente conferiria existência ao outro. O outro existe antes de mim. A unicidade do ser humano deve ser compreendida em termos que vão precisamente contra o que Levinas chama a "condição ontológica" dos seres humanos. É por isso que ele escreve que ser humano significa "viver como se não fosse um ser entre seres" (LEVINAS, 1985, p. 100). O que me torna único é o fato de que minha responsabilidade não é transferível. "A responsabilidade é o que me cabe exclusivamente, e o que, humanamente, não posso recusar. Essa carga é uma suprema dignidade do único. Eu sou eu na única medida em que sou responsável, um eu não intercambiável. Eu posso substituir todo mundo, mas ninguém pode me substituir" (p. 101).

É por isso que o interesse educacional pela unicidade e pela singularidade do ser humano acarreta um interesse e uma responsabilidade pela mundanidade do mundo, um interesse pela criação de espaços mundanos, espaços de pluralidade e diferença. O encontro com a outridade e a diferença é, afinal, a difícil condição para a vinda de seres únicos e singulares ao mundo. É importante ver que essa é uma condição necessária, mas jamais suficiente. Ainda que fôssemos capazes de criar espaços mundanos – e indiquei claramente os limites do que pode ser criado –, não é garantido que os indivíduos responderão à outridade e à diferença que encontram, nem que assim reagirão nas suas próprias e únicas maneiras. O que se sabe com certeza, entretanto, é que, quando os espaços perdem sua qualidade mundana, eles deixam de ser espaços onde a ação é possível e a liberdade pode aparecer.

A responsabilidade educacional não está confinada, entretanto, à criação de espaços mundanos e à responsabilidade por esses espaços. Argumentei que há também uma manifestação mais direta da responsabilidade educacional que, seguindo Levinas, poderíamos agora compreender como uma *interrupção* do ser de um ser, algo a que, no capítulo 1, me referi como a *violação* da soberania do sujeito. Acarreta formular a pergunta educacional simples, mas, na minha opinião, fundamental: "O que você pensa a esse respeito?" (RANCIÈRE, 1991, p. 36; MASSCHELEIN, 1998, p. 144; BIESTA, 1998a). Essa é uma pergunta difícil, uma pergunta com o potencial de interromper. Mas quero argumentar que é também uma pergunta com o potencial de criar alguém como um indivíduo único e singular. É importante ver que essa pergunta pode ser formulada de muitas formas diferentes. Não é necessariamente sobre pensar. Podemos também perguntar: "Qual é sua posição a esse respeito?" ou "Como você vai reagir?". Pode também ser formulada de maneiras não verbais, por exemplo, não abordando o currículo como um conjunto de conhecimentos e habilidades que tem de ser transferido para as mentes e os corpos de nossos estudantes, mas como uma coleção de práticas e tradições que exigem uma resposta dos estudantes e que providenciam diferentes maneiras para os recém-chegados reagirem e nascerem. Em todos os casos, significa que a educação deixa de ser um processo de dar algo e torna-se um processo de perguntar, um processo de formular perguntas difíceis.

Neste livro, tentei dar uma resposta à questão sobre o que poderia acontecer se renunciássemos aos fundamentos humanistas da educação e, mais especificamente, aos fundamentos humanistas da educação moderna. Minha motivação para essa investigação não proveio só do *insight* de que a tentativa de definir a essência e a natureza do ser humano é impossível; em certo sentido, essas tentativas sempre chegam tarde demais, porque para definir a essência do ser humano é preciso *ser*, primeiro, um ser humano. Foi também motivada pela afirmação de que o humanismo é indesejável por não ser *suficientemente* humano (Levinas). É por essa razão que investiguei um modo de compreender e abordar a educação em que a questão sobre o que significa ser humano é vista como uma questão radicalmente *aberta*, uma questão que só pode ser respondida – e tem de ser respondida repetidas vezes – engajando-se *na* educação, e não como uma questão que precisa ser respondida *antes* de podermos nos engajar na educação. Tenho consciência de que ao tomar essa posição estou ao lado daqueles para quem é mais perigoso definir o que significa ser humano do que deixar essa questão em aberto, e deixá-la em aberto de um modo radical.

Deixar a questão em aberto tem igualmente seus perigos. Acredito, entretanto, que ver a questão da humanidade do ser humano como uma questão radicalmente aberta, como algo que tem de ser "realizado" repetidas vezes, pode nos ajudar a permanecer alertas, particularmente em face de tentativas para restringir o que significa ser humano e levar uma vida humana. Isso é certamente mais difícil que viver num mundo em que está claro quem é humano e quem não é, um mundo onde está claro quem é racional e quem é louco, quem é civilizado e quem não é. Mas a sensação de segurança que vem junto com essa abordagem só pode ser uma pseudossegurança, porque a verdadeira questão – como viver com outros que não são como nós – não desaparecerá. É por essa razão que a crítica do humanismo e a maneira alternativa de compreender e abordar a educação que desenvolvi neste livro estão intimamente ligadas com o ímpeto ou, como alguns poderiam dizer, com a promessa da democracia. A própria democracia é, afinal, um compromisso com um mundo de pluralidade e diferença, um compromisso com um mundo onde a liberdade pode aparecer.

REFERÊNCIAS

APPLE, M. W. *Ideology and curriculum*. Boston: Routledge & Kegan Paul, 1979.

APPLE, M. W. Can critical pedagogy interrupt rightist policies? *Educational Theory* 50(2), p. 229-254, 2000.

APPLE, M. W.; BEANE, J. A. *Democratic schools*. Alexandria, VA: Association for Supervision and Curriculum Development, 1995.

ARENDT, H. 1954]. *Between past and future*: Eight exercises in political thought. Harmondsworth: Penguin Books, 1977a.

ARENDT, H. [1958]. *The human condition*. Chicago: The University of Chicago Press, 1977b.

ARENDT, H. *Lectures on Kant's political philosophy*. Chicago: University of Chicago Press, 1982.

BAILEY, C. *Beyond the present and the particular*: A theory of liberal education. London: Routledge & Kegan Paul, 1984.

BARBER, B. *Strong democracy*: Participatory politics for a new age. Berkeley: University of California Press, 1984.

BARBER, B. *A place for us*: How to make society civil and democracy strong. New York: Hill and Wang, 1998.

BARNES, B. *Interests and the growth of knowledge*. London: Routledge & Kegan Paul, 1977.

BAUMAN, Z. *Intimations of postmodernity*. New York/London: Routledge, 1992.

BAUMAN, Z. *Postmodern ethics*. Oxford: Blackwell, 1993.

BAUMAN, Z. Making and unmaking of strangers. In: BEILHARZ, P. (Ed.). *The Bauman reader*. Oxford: Blackwell, 1995. p. 200-217.

BAUMAN, Z. *In search of politics*. Stanford, Ca.: Stanford University Press, 1999.

BEETHAM, D.; BOYLE, K. *Introducing democracy*: 80 Questions and answers. Cambridge: Polity Press, 1995.

BERGERS, G. Individuality and community: More space for development. *Detail. Zeitschrift fur Architektur/Review of Architecture* 43(3), p. 226-236, 2003.

BERNSTEIN, B. *Pedagogy, symbolic control and identity*. Lanham: Rowman & Littlefield, 2000.

BHABHA, H. K. The third space: An interview with Homi Bhabha. In: RUTHERFORD, J. (Ed.). *Identity. Community, culture, difference*. London: Lawrence & Wishart, 1990. p. 207-221.

BIESTA, G. J. J. Education as Practical Intersubjectivity. Towards a criticalpragmatic understanding of education. *Educational Theory 44*(3), p. 299-317, 1994.

BIESTA, G. J. J. "Say you want a revolution...": Suggestions for the impossible future of critical pedagogy. *Educational Theory 48*(4), p. 499-510, 1998[a].

BIESTA, G. J. J. Pedagogy without humanism. Foucault and the subject of education. *Interchange 29*(1), p. 1-16, 1998b.

BIESTA, G. J. J. How difficult should education be? *Educational Theory 51*(4), p. 385-400, 2001.

BIESTA, G. J. J. *Bildung* and modernity. The future of *Bildung* in a world of difference. *Studies in Philosophy and Education 21*(4/5), p. 343-351, 2002a.

BIESTA, G. J. J. How general can *Bildung* be? Reflections on the future of a modern educational ideal. *British Journal of Philosophy of Education 36*(3), p. 377-390, 2002b.

BIESTA, G. J. J. Learning from Levinas: A response. *Studies in Philosophy and Education 22*(1), p. 61-68, 2003a.

BIESTA, G. J. J. How general can *Bildung* be? Reflections on the future of a modern educational ideal. In: LØVLIE, L. *et al.* (Ed.). *Educating humanity*: Bildung *in postmodernity*. Oxford: Blackwell, 2003b. p. 61-74.

BIESTA, G. J. J. Demokrati: ett problem för utbildning eller ett utbildningsproblem? *Utbildning & Demokrati 12*(1), p. 59-80, 2003c.

BIESTA, G. J. J. Education, accountability and the ethical demand. Can the democratic potential of accountability be regained? *Educational Theory 54* (3), p. 233-250, 2004a.

BIESTA, G. J. J. "Mind the gap!" Communication and the educational relation. In: BINGHAM, C.; SIDORKIN, A. M. (Ed.). *No education without relation*. New York: Peter Lang, 2004b. p. 11-22.

BIESTA, G. J. J. George Herbert Mead und die Theorie der schulischen Bildung. In: TROEHLER, D.; Oelkers, J. (Ed.). *Pädagogik und Pragmatismus. Gesellschaftstheorie und die Entwicklung der Pädagogik*. Zürich: Verlag Pestalozzianum, 2005. p. 131-150.

BIESTA, G. J. J.; STAMS, G. J. J. M. Critical thinking and the question of critique. Some lessons from deconstruction. *Studies in Philosophy and Education 20*(1), p. 57-74, 2001.

BLOOR, D. *Knowledge and social imagery*. London: Routledge & Kegan Paul, 1976.

Referências

CADAVA, E. *et al.* (Ed.). *Who comes after the subject?* New York/London: Routledge, 1991.

CALLAN, E. *Creating citizens*: Political education and liberal democracy. Oxford, UK: Oxford University Press, 1997.

CAPUTO, J. D. *Deconstruction in a nutshell*: A conversation with Jacques Derrida. New York: Fordham University Press, 1997.

CARR, W.; HARTNETT, A. *Education and the struggle for democracy*: The politics of educational ideas. Buckingham/Philadelphia: Open University Press, 1996.

CLEARY, J.; HOGAN, P. The reciprocal character of self-education: Introductory comments on Hans-Georg Gadamer's address 'Education is self-education'. *Journal of Philosophy of Education 35*(4), p. 519-528, 2001.

COUNTS, G. *Dare the school build a new social order?* New York: John Day, 1939.

CRITCHLEY, S. *Ethics – politics – subjectivity*: Essays on Derrida, Levinas and contemporary French thought. London/New York: Verso, 1999.

DfEE. *The learning age*: A renaissance for a new Britain. Sheffield: Department for Education and Employment, 1998.

DfEE. *Learning to succeed*: A new framework for post-16 learning. Sheffield: Department for Education and Employment, 1999.

DERRIDA, J. Violence and metaphysics: An essay on the thought of Emmanuel Levinas. In: DERRIDA, J. *Writing and difference*. Chicago: University of Chicago Press, 1978. p. 79-153.

DERRIDA, J. *Limited Inc.* Evanston, Il.: Northwestern University Press, 1988.

DERRIDA, J. *The other heading*: Reflections on today's Europe. Trad. Pascale-Anne Brault e Michael B. Naas. Bloomington, Indiana: Indiana University Press, 1992.

DERRIDA, J. *Politics of friendship*. London/New York: Verso, 1997.

DERRIDA, J. *Monolingualism of the other; or, The prosthesis of origin*. Stanford, CA: Stanford University Press, 1998.

DEWEY, J. *The public and its problems*. Chicago: The Swallow Press, 1954.

DEWEY, J. *Experience and nature*. New York: Dover Publications Inc., 1958.

DEWEY, J. [1916]. *Democracy and education*. New York: The Free Press, 1966.

DEWEY, J. [1917]. The need for social psychology. In: BOYDSTON, J. A. (Ed.). *John Dewey. The middle works, 1899-1924*. Carbondale and Edwardsville: Southern Illinois University Press, 1980. v. 10: 1916-1924, p. 53-63.

DEWEY, J. [1922]. *Human nature and conduct*. In: BOYDSTON, J. A. (Ed.). *John Dewey. The middle works, 1899-1924*. Carbondale and Edwardsville: Southern Illinois University Press, 1983. v. 14: 1922.

DEWEY, J. [1929]. *The quest for certainty*. In: BOYDSTON, J. A. (Ed.). *John Dewey. The later works, 1925-1953*. Carbondale and Edwardsville: Southern Illinois University Press, 1984. v. 4: *1929*.

DEWEY, J. [1937]. The challenge of democracy to education. In: BOYDSTON, J. A. (Ed.). *John Dewey. The later works, 1925-1953*. Carbondale and Edwardsville: Southern Illinois University Press, 1987a. v. 11: 1935-1937, p. 181-190.

DEWEY, J. [1937]. Democracy and educational administration. In: BOYDSTON, J. A. (Ed.). *John Dewey. The later works, 1925-1953*. Carbondale and Edwardsville: Southern Illinois University Press, 1987b. v. 11: 1935-1937, p. 217-252.

DEWEY, J. [1939]. Experience, knowledge and value: A rejoinder. In: BOYDSTON, J. A. (Ed.). *John Dewey. The later works, 1925-1953*. Carbondale and Edwardsville: Southern Illinois University Press, 1988. v. 14: 1939-1941, p. 3-90.

DISCH, L. J. *Hannah Arendt and the limits of philosophy*: With a new preface. Ithaca/London: Cornell University Press, 1994.

DONALD, J. *Sentimental education*: Schooling, popular culture and the regulation of liberty. London/New York: Verso, 1992.

DREYFUS, H. L.; RABONIW, P. *Michel Foucault. Beyond Structuralism and Hermeneutics*. 2. ed. With an Afterword by and an Interview with Michel Foucault. Chicago: The University of Chicago Press, 1983.

DRYZEK, J. S. *Deliberative democracy and beyond*. Oxford: Oxford University Press, 2000.

EISENMAN, P. Post-functionalism. Oppositions 6: unpaginated. Reimpresso. In: NESBITT, K. (Ed.). *Theorizing a new agenda for architecture*. New York: Princeton Architectural Press, 1976. p. 80-83.

ENGLUND, T. Communities, markets and traditional values: Swedish schooling in the 1990s. *Curriculum Studies 2*(1), p. 5-29, 1994.

FEINBERG, W. Choice, autonomy, need-definition and educational reform. *Studies in Philosophy of Education, 20*(5), p. 402-409, 2001.

FESTENSTEIN, M. *Pragmatism and political theory*: From Dewey to Rorty. Chicago: The University of Chicago Press, 1997.

FIELD, J. *Lifelong learning and the new educational order*. Stoke on Trent: Trentham Books, 2000.

FOSNOT, C. T. *Constructivism*. New York: Teachers College Press, 1996.

FOUCAULT, M. *The order of things*: An archaeology of the human sciences New York: Vintage/Random House, 1973.

FOUCAULT, M. The Subject and Power. In: DREYFUS, H.; RABINOW, P. *Michel Foucault. Beyond Structuralism and Hermeneutics*. 2. ed.

With an Afterword by and an Interview with Michel Foucault. Chicago: The University of Chicago Press, 1983. p. 208-226.

FOUCAULT, M. What is Enlightenment? In: RABINOW, P. (Ed.). *The Foucault reader.* New York: Pantheon Books, 1984. p. 32-50.

FOUCAULT, M. *The use of pleasure.* New York: Pantheon, 1985.

FOUCAULT, M. *The care of the self.* New York: Pantheon, 1986.

FOUCAULT, M. The ethics of care for the self as a practice of freedom. An Interview with Michel Foucault. In: BERNAUER, J.; RASMUSSEN, D. (Ed.). *The Final Foucault.* Cambridge/London: MIT Press, 1991. p. 1-20.

FOUCAULT, M. [1977]. *Discipline and publish*: The birth of the prison. New York: Vintage Books, 1995.

GADAMER, H.-G. Education is self-education. *Journal of Philosophy of Education 35*(4), p. 529-538, 2001.

GALLIE, W. B. Essentially contested concepts. *Proceedings of the Aristotelian Society LVI*, p. 167-198, 1955.

GHIRARDO, D. *Architecture after modernism.* London: Thames and Hudson, 1996.

GIESECKE, H. *Das Ende der Erziehung.* Stuttgart: Klett-Cotta, 1985.

GIROUX, H. A. *Schooling for democracy*: Critical pedagogy in the modern age. London/New York: Routledge, 1989.

GRANEL, G. Who comes after the subject? In: CADAVA, E. *et al.* (Ed.). *Who comes after the subject?.* New York/London: Routledge, 1991. p. 148-156.

GUTMANN, A. *Democratic education.* Princeton, NJ: Princeton University Press, 1987.

GUTMANN, A. Democracy. In: GOODIN, R. E.; PETTIT, Ph. (Ed.). *A companion to contemporary political philosophy.* Oxford: Blackwell, 1993. p. 411-421.

HABERMAS, J. *Between facts and norms*: Contribution to a discourse theory of law and democracy. Cambridge, Mass.: MIT Press, 1996.

HEARTFIELD, J. *The 'death of the subject' explained.* Sheffield: Sheffield Hallam University Press, 2002.

HEIDEGGER, M. [1947]. Letter on humanism. In: KREL, D. F. (Ed.). *Martin Heidegger*: The basic writings. San Francisco: Harper, 1993. p. 213-265.

HELD, D. *Models of democracy.* Cambridge: Polity Press, 1987.

HELD, D. *Democracy and the global order*: From the modern state to cosmopolitan governance. Cambridge: Polity Press, 1995.

HERTZBERGER, H. *Space and the architect. Lessons in architecture 2.* Rotterdam: 010 Publishers, 2000.

HONIG, B. *Political theory and the displacement of politics.* Ithaca: Cornell University Press, 1993.

Kant, I. *Critique of pure reason.* Trad. N Kemp Smith. New York: St. Martin's Press, 1929.

KANT, I. Über Pädagogik. In: KANT, I. *Schiften zur Anthropologie, Geschichtsphilosophie, Politik und Pädagogik.* Frankfurt am Main: Insel Verlag, 1982. p. 695-761.

KANT, I. [1784]. An answer to the question 'What is Englightenment?'. In: WAUGH, P. (Ed.). *Post-modernism*: A reader. London: Edward Arnold, 1992. p. 89-95.

KLAFKI, W. Die Bedeutung des klassischen Bildungstheorien für ein zeitgemässes Konzept von allgemeiner Bildung. *Zeitschrift für Pädagogik* 32(4), p. 455-476, 1986.

KURGAN, L. You are here: Information drift. *Assemblage*, n. 25, p. 14-43, 1994.

LACLAU, E. Universalism, particularism, and the question of identity. In: RAJCHMAN, J. (Ed.). *The identity in question.* New York/London: Routledge, 1995. p. 93-108.

LAVE, J.; WENGER, E. *Situated learning. Legitimate peripheral participation.* Cambridge: Cambridge University Press, 1991.

LEVINAS, E. *Otherwise than being or beyond essence.* The Hague: Martinus Nijhoff, 1981.

LEVINAS, E. Substitution. In: HAND, S. (Ed.). *The Levinas reader.* Oxford: Basil Blackwell, 1989a, p. 88-125.

LEVINAS, E. Ethics as first philosophy. In: HAND, S. (Ed.). *The Levinas reader.* Oxford: Basil Blackwell, 1989b. p. 75-87.

LEVINAS, E. *Ethics and infinity.* Pittsburgh: Duquesne University Press, 1985.

LEVINAS, E. The *I* and totality. In: LEVINAS, E. *Entre-nous*: on thinking-of-the-other. New York: Columbia University Press, 1998a. p. 13-38.

LEVINAS, E. Uniqueness. In: LEVINAS, E. *Entre-nous*: on thinking-of-the-other. New York: Columbia University Press, 1998b. p. 189-196.

LEVINAS, E. *Difficult freedom*: Essays on Judaism. Trad. Seán Hand. Baltimore: The Johns Hopkins University Press, 1990.

LINGIS, A. *The community of those who have nothing in common.* Bloomington and Indianapolis: Indiana University Press, 1994.

Referências

LJUNGGREN, C. Questions of identity and education: Democracy between past and future. In: SÄFSTRÖM, C.-A. (Ed.). *Identity*: Questioning the logic of identity in educational theory. Lund: Studentlitteratur, 1999. p. 47-60.

LØVLIE, L. *et al.* (Ed.). *Educating humanity*: *Bildung* in postmodernity. Oxford: Blackwell, 2003.

MASSCHELEIN, J. In defence of education as problematisation. In: WILDEMEERSCH *et al.* (Ed.). *Adult education and social responsibility*. Frankfurt am Main: Peter Lang, 1998. p. 133-149.

MCDONNELL, L. *et al.* (Ed.). *Rediscovering the democratic purposes of education*. Lawrence, KS: University Press of Kansas, 2000.

MCLAREN, P. *Revolutionary multiculturalism*: Pedagogies of dissent for the new millennium. Boulder, Co.: Westview Press, 1997.

MCLAUGHLIN, T. H. Citizenship education in England: The Crick report and beyond. *Journal of Philosophy of Education 34*(4), p. 541-570, 2000.

MCNEIL, L. A. Private asset or public good: Education and democracy at the crossroads. *American Educational Research Journal 39*(2), p. 243-248, 2002.

MOLLENHAUER, K. *Erziehung und Emanzipation*. Weinheim: Juventa, 1964.

MOUFFE, Ch. (Ed.). *Dimensions of radical democracy*. London/New York: Verso, 1992.

MOUFFE, Ch. *The return of the political*. London/New York: Verso, 1993.

NANCY, J.-L. Introduction. In: CADAVA, E. *et al.* (Ed.). *Who comes after the subject?*. New York/London: Routledge, 1991. p. 1-8.

NEILL, F. Fame Academy. *The Times Magazine*, Saturday, 14 August 2004.

OECD (Organisation for Economic Co-operation and Development). *Lifelong Learning for All*. Paris: OECD, 1996.

PARKER, W. C. *Educating the democratic mind*. New York: SUNY, 1995.

PASSERIN D'ENTRÈVES, M. *The political philosophy of Hannah Arendt*. London/New York: Routledge, 1994.

PATEMAN, C. *Participation and democratic theory*. Cambridge: Cambridge University Press, 1970.

PEPERZAK, A. Presentation. In: BERNASCONI, R.; CRITCHLEY, S. (Ed.). *Re-Reading Levinas*. Bloomington and Indianapolis: Indiana University Press, 1991. p. 51-66.

RANCIÈRE, J. *The ignorant schoolmaster*: Five lessons in intellectual emancipation. Stanford: Stanford University Press, 1991.

RAWLS, J. *Political liberalism.* New York: Columbia University Press, 1993.

RAWLS, J. The idea of public reason revisited. *University of Chicago Law Review 94*, p. 765-807, 1997.

SÄFSTRÖM, C.-A. Teaching otherwise. *Studies in Philosophy and Education 22*(1), p. 19-29, 2003.

SÄFSTRÖM, C.-A.; BIESTA, G. J. J. Learning democracy in a world of difference. *The School Field 12*(5/6), p. 5-20, 2001.

SALTMAN, K. J. *Collateral damage: Corporatizing public schools – a threat to democracy.* Lanham, MD: Rowman & Littlefield, 2000.

SIDORKIN, A. M.; BINGHAM, Ch. (Ed.). *No education without relation.* New York: Peter Lang, 2004.

SIMONS, J. *Foucault & the political.* New York/London: Routledge, 1995.

SODER, R. *et al.* (Ed.). *Developing democratic character in the young.* San Francisco: Jossey-Bass, 2001.

TORNEY-PURTA, J. *et al. Citizenship and education in twenty-eight countries*: Civic knowledge and engagement at age fourteen. Amsterdam: IEA, 2001.

TORRES, C. A. *Democracy, education and multiculturalism. Dilemmas of citizenship in a global world.* Lanham, Md: Rowman and Littlefield, 1998.

TSCHUMI, B. *The Manhattan transcripts.* New York, London: St. Martin's Press/Academy Editions, 1981.

TSCHUMI, B. Urban pleasures and the moral good. *Assemblage 25*, p. 6-13, 1994a.

TSCHUMI, B. *Architecture and disjunction.* Cambridge, MA: MIT Press, 1994b.

TSCHUMI, B. *Event-Cities.* Cambridge: MIT Press, 1994c.

TSCHUMI, B. *Events-cities 2.* Cambridge, MA: MIT Press, 2001.

USHER, R.; EDWARDS, R. *Postmodernism and education.* London/New York: Routledge, 1994.

VANDERSTRAETEN, R.; BIESTA, G. J. J. How is education possible? *Educational Philosophy and Theory 33*(1), p. 7-21, 2001.

WELLS, A. S. *et al.* Defining democracy in the neoliberal age: Charter school reform and educational consumption. *American Educational Research Journal 39*(2), p. 337-361, 2002.

WESTHEIMER, J.; KAHNE, J. What kind of citizen? The politics of educating for democracy. *American Educational Research Journal 41*(2), p. 237-269, 2004.

WIMMER, K-M. *Der Andere und die Sprache.* Berlin: Reimer Verlag, 1988.

OUTROS TÍTULOS DA COLEÇÃO

A invenção de si e do mundo: Uma introdução do tempo e do coletivo no estudo da cognição
Virgínia Kastrup

A pedagogia, a democracia, a escola
Jan Masschelein

Acontecimento e experiência no trabalho filosófico com crianças
Maximiliano Valerio López

Artistagens: Filosofia da diferença e educação
Sandra Mara Corazza

Biopolítica, governamentalidade e educação: Introdução e conexões, a partir de Michel Foucault
Sylvio Gadelha

Em defesa da escola
Jan Masschelein

Infância, estrangeiridade e ignorância: Ensaios de Filosofia e Educação
Walter O. Kohan

Infância. Entre educação e filosofia
Walter O. Kohan

Infantis: Charles Fourier e a infância para além das crianças
René Schérer
Tradução: Guilherme João de Freitas Teixeira

Letras canibais: Um escrito de crítica ao humanismo em educação
Rui C. Mayer

Linguagem e educação depois de Babel
Jorge Larrosa

O mestre ignorante: Cinco lições sobre a emancipação intelectual
Jacques Rancière
Tradução: Lílian do Valle

O mestre inventor. Simón Rodríguez
Walter O. Kohan

Os Enigmas da educação: A paideia democrática entre Platão e Castoriadis
Lílian do Valle

Quem educa quem? Educação e vida cotidiana
Eulàlia Bosch

Este livro foi composto com tipografia Garamond e impresso
em papel Off-White 80 g/m² na Formato Artes Gráficas.